Gegen die Erhöhung

der

Brausteuer.

Von

Friedrich Goldschmidt,
Mitglied des Reichstags
und des Preussischen Hauses der Abgeordneten.

Springer-Verlag Berlin Heidelberg GmbH 1893

ISBN 978-3-662-32147-8 ISBN 978-3-662-32974-0 (eBook)
DOI 10.1007/978-3-662-32974-0

I.

Die früheren Vorlagen.

Die Militärvorlage ist bekannt geworden. Wird der Reichstag sie annehmen oder nicht? Wird. das Reich neuer Einnahmequellen bedürfen? Eins steht aber fest; der Staatssekretär des Reichsschatzamtes ist ausgezogen, neue Quellen zu suchen, und da er nicht jenen Zauberstab besitzt, wie der bekannte Quellensucher im Märchen, so wendet er sich zurück an einen alten Born und verlangt von diesem, dass er reichlicher fliesse. Wenn man den täglich greifbarer werdenden Nachrichten Glauben schenken darf, so besteht die Absicht, die Brausteuer, wie sie gegenwärtig in der Norddeutschen Brausteuergemeinschaft besteht, auf das Doppelte (von 2 Mark auf 4 Mark für den Centner Malz) zu erhöhen. Damit hat man einen Erwerbszweig, der seit 13 Jahren durch die fortwährenden Aenderungen des Zolltarifs in starke Mitleidenschaft gezogen, von weiteren Erhöhungen seiner indirekten Abgaben aber unberührt geblieben war, von neuem in Verwirrung gebracht.

Ist es nun richtig, weite Kreise der gewerblichen Thätigkeit aus ihrem ruhigen Entwickelungsgange aufzuschrecken und einen im deutschen Reich besonders ausgedehnten, mit der von unserer Gesetzgebung so verzogenen Landwirthschaft eng verwebten Industriezweig von neuem zu beun-

1*

ruhigen? Ist es richtig, den Unternehmungsgeist zahlreicher Gewerbetreibender zu lähmen, sie abzuhalten von der Erweiterung und Verbesserung ihrer Anlagen, sie sorgenschwer in die Zukunft blicken zu lassen, und das in einer Zeit, in der eine furchtbare Seuche einen Theil des Landes heimgesucht hat, Handel und Verkehr keinen Aufschwung, sondern einen Niedergang zu verzeichnen haben?!*) Werden andere Gewerbe, die sich entweder um das Braugewerbe als ihren Mittelpunkt gruppiren, oder selbst auch nur mittelbar mit ihm in Zusammenhang stehen, nicht ebenfalls in Mitleidenschaft gezogen?

Man braucht nicht einmal ein Menschenalter zurückzublicken! Die verhältnissmässig kurze Zeit seit der Begründung des Reiches hat genügt, Erfahrungen zu sammeln und gelehrt, dass auch nur der Schatten einer Steuererhöhung die interessirten gewerblichen Kreise mit Bangen erfüllt, dass die Furcht vor dem Ungewissen ihnen die Ruhe raubt und sie aus dem gewohnten Geleise wirft. Soll das Braugewerbe innerhalb der Norddeutschen Brausteuergemeinschaft wieder die Krisen durchmachen, wie in den Jahren 1872, 1875, 1879, 1880 und 1881, die, wie in aller Erinnerung lebt, genügend Unheil und Verwirrung angerichtet haben? Der Verfasser dieser kleinen Schrift will vor neuen Missgriffen warnen, er will verhüten, dass bei dem Darniederliegen so vieler deutscher Erwerbszweige nicht auch ein immerhin noch leidlich blühender gefährdet werde.

Gleich in dem ersten Brausteuergesetzentwurfe, der dem ersten deutschen Parlamente, dem Norddeutschen Reichstage vorgelegt wurde (1869), wurde neben der Ausdehnung der preussischen Steuergesetze auf den Norddeutschen Bund eine

*) Siehe Mittheilungen des Reichsanzeigers über die Zölle und Verbrauchssteuern in der ersten Hälfte des Jahres 1892/93.

Erhöhung des alten Satzes von 20 Silbergroschen für den einfachen Centner auf einen Thaler in Vorschlag gebracht. Der Norddeutsche Reichstag lehnte die Steuerhöhung ebenso ab, wie der Deutsche Reichstag, welche Zusammensetzung er auch hatte, allen Vorschlägen der verbündeten Regierungen, die Brausteuer zu erhöhen, die Zustimmung versagte.

Die Reichsregierung ist redlich bemüht gewesen, für die Steuererhöhung immer neue Gründe in's Gefecht zu führen, und wenn die eine Vorlage abgelehnt war, so kam man wenige Jahre darauf mit einer neuen Vorlage und einer neuen Begründung.

Zwei Leitmotive aber durchzogen die Begründung der verschiedenen Entwürfe: die Nothwendigkeit, das Bier zur Deckung der financiellen Bedürfnisse des Reiches stärker heranzuziehen und die Ungleichheit der Bierbesteuerung im Deutschen Reiche zu beseitigen.

1875 hiess es in der Denkschrift zur Begründung der damaligen Vorlage:

> „Wenn es nun die Aufgabe ist, dem Reiche neue Einnahmequellen durch indirekte Steuern zu eröffnen, so muss in erster Linie dasjenige Steuerobjekt in's Auge fallen, dessen geringere Besteuerung innerhalb des Gebietes der Brausteuergemeinschaft diesen Zustand der Ungleichheit aufrecht erhalten hat.

Die Verhandlungen jener Zeit über die Vorlage (vom 11. November 1875) bieten aber ein merkwürdiges Bild, denn mit Ausnahme einiger wegwerfender Bemerkungen aus dem Munde des damaligen Reichskanzlers*) über das

---

*) (Stenogr. Ber. d. Reichst. 13. Sitzung vom 22. November 1875 S. 253.) . . . . . . — es (das süddeutsche Bier) ist aber auch sehr viel besser. Ich glaube, dass die Erhöhung der Steuer vielleicht zu besserem Bier führen wird, dass die elende Flüssigkeit, die in Nord-

norddeutsche Bier, die wohl mehr taktischen als sachlichen Gründen entsprangen, wurde über das Bier und die Wirkungen einer Steuererhöhung auf die betheiligten Producenten und Konsumenten, wie man bei einer solchen Vorlage hätte erwarten müssen, fast gar nicht gesprochen. Man berührte alle nur denkbaren politischen und financiellen Gesichtspunkte, man sprach von der Nothwendigkeit einer Ausdehnung der indirekten Abgaben, von der Aufhebung der Matrikularbeiträge, aber nur nicht vom Bier, und selbst der Gedanke einer künftigen Gleichstellung der Bierbesteuerung in Süd- und Norddeutschland wurde nur flüchtig von dem Reichstage gestreift. Wer an jenem 22. November 1875 den Sitzungssaal des Reichstages unvorbereitet betrat, musste glauben, in eine akademische Auseinandersetzung über direkte und indirekte Abgaben gerathen zu sein, aber nicht in eine Debatte, welche die Erhöhung der norddeutschen Brausteuer zum Gegenstande hatte. Die Budgetkommission, der die Vorlage zur Vorberathung überwiesen wurde, hat dieselbe dann auch nicht allzu ernst genommen, und schon drei Wochen nach der ersten Berathung wurde die Erhöhung der Brausteuer auf den mündlichen Bericht der genannten Kommission — man hatte eine so einschneidende Vorlage nicht einmal eines schriftlichen Berichtes gewürdigt — mit grosser Mehrheit abgelehnt.

Vier Jahre gönnte man nun dem armen Biere Ruhe. Im Jahre 1879 durfte aber in dem Füllhorn neuer Steuern, das die Reichsregierung auf die glücklichen Deutschen aus-

---

deutschland zum Theil unter dem Namen Bier gegeben wird, die Steuer gar nicht werth sein wird, gerade so, wie früher bei der Schlachtsteuerverpflichtung in den Städten kein schlechtes Fleisch auf den Markt kam, weil es die Steuer nicht lohnte. Ich gebe mich also der Hoffnung hin, dass die Steuer das Bier nicht verschlechtern wird, sondern im Gegentheil die Steuerzahler den Ernst des Geschäftes einsehen und ein besseres Bier als bisher brauen werden."

schüttete, eine neue und eine erhöhte Braumalzsteuer nicht fehlen. Nur den Branntwein liess man achtlos bei Seite stehen.

Bei der Vorlage vom 16. April 1879 spielte die Verfassungsfrage die Hauptrolle. Die Motive sagten:*)

> „Nach Artikel 35 der Reichsverfassung hat das Reich ausschliesslich die Gesetzgebung über das gesammte Zollwesen und über die gemeinsamen Verbrauchssteuern. Abweichend von diesem Grundsatz ist die Besteuerung des inländischen Bieres und Branntweins in Bayern, Württemberg und Baden der Landesgesetzgebung vorbehalten. Zugleich aber wird, wie das auch in den früheren Zollvereinsverträgen regelmässig geschah, der Satz hinzufügt, dass die Bundesstaaten ihr Bestreben darauf richten werden, eine Uebereinstimmung der Gesetzgebung über die Besteuerung auch dieser Gegenstände herbeizuführen.“

Die verbündeten Regierungen verlangten neben einer Erhöhung eine Aenderung in der Steuererhebung, und zwar sollte die Steuer nicht mehr, wie bisher, vom Gewichte, sondern vom Maasse des Malzes, wie in Bayern, erhoben werden. Aber die Vorlage hatte keinen anderen Erfolg, als die Norddeutschen Brauer in die grösste Aufregung zu versetzen.

Der Reichstag, den Bismarck'schen Gedanken sonst so ausserordentlich zugänglich, war nicht geneigt, ausser den neuen Zöllen und der Erhöhung der Tabaksteuer noch eine Erhöhung der Biersteuer zu bewilligen. Die in der ersten Lesung zur Berathung der Vorlage bestimmte Kommission befürwortete zwar die vorgeschlagene Aenderung der Besteuerungsform, lehnte aber — und zwar, wie aus ihren Sitzungsprotokollen hervorgeht, mit grosser Mehrheit — die

---

*) Drucks. d. Reichst. No. 135 vom 16. April 1879, S. 16.

Erhöhung ab. Zur zweiten Berathung gelangten beide Vorlagen nicht mehr.

Hatte die Industrie gehofft, nachdem so grosse Einnahmen für Reichszwecke bewilligt, die Zölle auf Gerste und Malz eingeführt waren, und der Reichstag so wenig Gewicht den Gründen für eine Erhöhung der Biersteuer zugemessen hatte, von neuen Erhöhungsprojekten verschont zu bleiben und endlich die so heiss ersehnte Ruhe wieder zu erlangen, so hatte sie sich gründlich getäuscht. Schon am 22. Februar 1880 erschien abermals eine Vorlage der verbündeten Regierungen, welche die Maassbesteuerung und den Steuersatz vom Hektoliter ungebrochenen Malzes auf 4 Mark festsetzte. Nach dem Gewichte berechnet, kam dieser Satz wie bei den Vorlagen von 1875 und 1879 fast einer Verdoppelung der bisherigen Steuer gleich; im übrigen waren die Vorlage, wie ihre Begründung gegen das Vorjahr kaum verändert. Es war wohl weniger die financielle Lage des Reiches, welche zur Wiederholung der Vorlage führte. Wenn auch nach den Motiven angeblich die Einnahmen des Reiches sich trotz der Annahme der Zollgesetze und der Tabaksteuer nicht schon so weit vermehrt hatten, dass von der Erhöhung der Bierbesteuerung Abstand genommen werden konnte, so war es, wie gesagt, wohl weniger die financielle Lage, als das Bestreben der Regierung, Recht zu behalten. Leitete doch der damalige Unterstaatssekretär im Reichsschatzamt, der spätere preussische Finanzminister v. Scholz, die Verhandlung über die Vorlage im Reichstage am 11. März mit folgenden Worten ein:*)

„Nachdem im vorigen Jahre die dem Reichstage vorgelegten beiden Gesetzentwürfe, betreffend die Erhebung und betreffend die Erhöhung der Brausteuer,

*) Stenogr. Berichte des Reichstages, 1880, S. 349.

wegen der anderweitigen Aufgaben, welche in der langen und mühevollen Session zu erledigen waren, nur noch die Kommissionsberathung haben passiren, nicht aber weiter zur Erledigung haben gebracht werken können, ist die Wiedereinbringung dieser Vorlagen, meine ich, innerhalb wie ausserhalb des hohen Hauses wohl allgemein als etwas gewissermaassen selbstverständliches vorausgesetzt worden; wenigstens wäre es eine nicht gerechtfertigte Vorstellung von dem Ernst und der Beständigkeit der gesetzgeberischen Initiative der verbündeten Regierungen, wenn das Gegentheil erwartet worden wäre. Denn irgend neue erhebliche Thatsachen sind ja nicht eingetreten, welche die verbündeten Regierungen hätten bestimmen müssen oder auch nur hätten bestimmen können, jene wohlerwogenen Gesetzesvorlagen fallen zu lassen".

Die Verhandlungen über die Vorlage waren diesmal eingehender und sachlicher als in früheren Jahren. Zunächst wurde der sich in allen Vorlagen wiederfindende Grund, dass wegen des Artikels 35 der Reichsverfassung, der die Bundesstaaten aufforderc, ihr Bestreben auf eine Uebereinstimmung der Gesetzgebung in der Besteuerung vom Bier und Branntwein zu richten, der Unterschied in der Höhe der Steuer durch eine Verdoppelung der Norddeutschen Brausteuer auszugleichen sei, schlagend widerlegt. Der bayerische Abg. v. Soden führte treffend aus, dass, wenn der Abs. 2 des Art. 35 in seinem ersten Satz lautete:*)

„In Bayern, Württemberg und Baden bleibt die Besteuerung des inländischen Branntweins und Bieres der Landesgesetzgebung vorbehalten,"

---

*) Dieselbe Sitzung, S. 353.

die Reichsverfassung hier den Grundsatz ausspreche, dass die genannten Staaten ihr selbständiges Besteuerungsrecht bezüglich des Branntweins und Bieres behalten sollen. Eine Einschränkung bezüglich dieses Princips sei in dem zweiten Satze dieses Absatzes gemacht, in dem es heisse:

„„Die Bundesstaaten werden jedoch ihr Bestreben darauf richten, eine Uebereinstimmung der Gesetzgebung über die Besteuerung auch dieser Gegenstände herbeizuführen."" —

„Er mache darauf aufmerksam, dass hier nur die Rede sei von einer Uebereinstimmung der Gesetzgebung; das aber, was als das Streben der verbündeten Regierungen dem Reichstage dargelegt worden sei, das gehe viel weiter. Dieses Streben gehe dahin, nicht bloss eine gleichheitliche Form der Besteuerung herbeizuführen, sondern — und das scheine die Hauptsache — die Einnahme aus den betreffenden Steuern in Zukunft nicht mehr in die Kassen der Einzelstaaten, sondern in die Reichskasse fliessen zu lassen."

Was die financielle Bedeutung der Vorlage betraf, so versagte es sich der Reichstag, dieselbe eingehend zu behandeln, weil er, nachdem die Erträge der im vergangenen Jahre erlassenen Zollgesetze bereits im ersten Jahre eine Mehreinnahme an Zöllen und Verbrauchssteuern von 40 Millionen Mark gebracht hatten, ein financielles Bedürfniss nicht anerkennen konnte. Desto eifriger aber nahm man sich des Bieres selbst, seiner Producenten und seiner Konsumenten an, und wenn von Seiten der verbündeten Regierungen das Bier nicht als nothwendiges Nahrungsmittel anerkannt wurde, welches deshalb wohl eine höhere Steuer ertragen könne, so wurde dem gegenüber von verschiedenen Seiten, insbesondere von einem Arzte und hervorragendem Psychiater, nachgewiesen, wie wohlthätig die grössere Verbreitung des Biergenusses und die damit erzielte Einschränkung des Branntweintrinkens auf die Gesundheit des Deutschen Volkes in moralischer wie körperlicher Beziehung wirke. Der Reichstag glaubte nicht einmal eine Kommission mit der Berathung dieser Vorlage betrauen zu sollen und liess dieselbe einfach unerledigt. Der parlamentarische Gebrauch hat für eine derartige Behandlung eines Gesetzentwurfes den Ausdruck erfunden: ein Begräbniss zweiter Klasse.

Aber die Erhöhung der Brausteuer kam auch jetzt nicht zu der verdienten Ruhe. Schon ein Jahr darauf feierte sie ihre Auferstehung.

Die Vorlage kehrte wörtlich wieder, nur erschien ihre Begründung in einem anderen Gewande. In der neu hinzugefügten Denkschrift unterschied sich die Begründung wesentlich von den Motiven, welche die früheren Entwürfe begleitet hatten. Hatte man früher als wesentlichen Grund für die Vermehrung der Abgaben auf Bier die financiellen Bedürfnisse des Reiches anführen können, so war jetzt diese Stütze der Vorlage gefallen. Durch die neuen Zölle flossen dem Reiche die Mittel so reichlich zu, dass in Folge der Franckenstein'schen Klausel*) auch die Einzelstaaten Zuschüsse erhielten. Ein Bedürfniss, zu financiellen Zwecken die Brausteuer zu erhöhen, lag nicht mehr vor. Da aber einmal die genannte Klausel eingeführt war, glaubte man auch weiterhin für die Finanzen der Einzelstaaten und über diese hinaus auch für die Kommunalverbände sorgen zu müssen.

> „Das Reich und die Bundesstaaten" — so hiess es in der Denkschrift**) — „können sich aber auch nicht länger der Aufgabe entziehen, Mittel zur Erleichterung der überbürdeten Gemeinden von solchen

*) Derjenige Ertrag der Zölle und Tabaksteuer, welcher die Summe von 130 000 000 Mark übersteigt, ist den einzelnen Bundesstaaten nach Maassgabe der Bevölkerung, mit welcher sie zu den Matrikularbeiträgen herangezogen werden, zu überweisen.

**) Drucks. des Reichstages, No. 57 vom 17. März 1881, S. 7.

Lasten aufzubringen, welche, wie Schul-, Armen-, Polizei-, Standesamtslasten, zu Staatszwecken dienen und auf Staats- und Reichsgesetz beruhen. Die Gemeinden werden dadurch, dass der Staat diese seine Lasten ihnen auferlegt, in seinen Pflichten sich durch sie vertreten lässt, nicht nur sehr ungleich, sondern vielfach über ihre Kräfte belastet. Die Förderung intellektueller Bildung der heranwachsenden Jugend, die Sicherung des Lebensunterhalts für den Erwerbsunfähigen, die präventive Ueberwachung der Gesetzesbefolgung, die Erfüllung der zur Sicherung des Personenstandes vorgeschriebenen Amtshandlungen sind Forderungen des Staates und berühren den Bestand und die gedeihliche Fortentwickelung der Staatsgesammtheit in unmittelbarer Weise; die Erfüllung dieser Aufgaben kann nicht auf die Schultern der Gemeinden dauernd abgebürdet werden, ohne dass der Staat ihnen mit ausgleichender Unterstützung zu Hülfe kommt."

Auch die Steuergleichheit in Nord- und Süddeutschland trat zurück hinter das neue Argument, dass die Ausbildung der indirekten Steuern weit zurückgeblieben sei hinter den übrigen Grossstaaten; und weil einzelne Grossstaaten eine höhere Besteuerung des Bieres eingeführt hätten, so müsse die Norddeutsche Brausteuergemeinschaft nicht allein sich zu der Bayerischen Steuer, sondern zu derjenigen der ausserdeutschen Staaten aufschwingen. Der verstorbene Abgeordnete Lasker hatte für diese sonderbare Beweisführung das richtige Wort gefunden. Er sagte*):

„Es ist ungefähr so, als ob eine Familie ihre Ausgaben steigern wollte, weil eine andere Familie mehr

*) Stenogr. Ber. des Reichstages. 23. Sitzung vom 28. März 1881, Seite 552.

Ausgaben hat, oder wenn ein Mann, der keine Schulden hat, glaubt, er müsse seine Ausgaben steigern, weil ein anderer verschuldeter Mann einen sehr erheblichen Theil seiner Ausgaben an Zinsen bestreiten muss. Wie im Privatleben, so verhält es sich im öffentlichen Leben."

Die damalige Debatte gewann ein grosses Interesse durch die Ausführungen des Fürsten Bismarck, der zum ersten Male seine weitausschauenden socialpolitischen Absichten darlegte. Aber mochte man seinen Gedanken folgen oder nicht, für die Erhöhung der Brausteuer konnte sich der Reichstag nicht erwärmen. Am wenigsten fand die Aeusserung des damaligen Reichskanzlers Zustimmung, dass das Bier das Getränk einer vergleichsweise wohlhabenden Klasse der Bevölkerung sei, das leichter entbehrt werden könne als der Branntwein. Der Reichstag lehnte nach mehrtägiger Debatte in zweiter Berathung den Gesetzentwurf ab. Damit schloss eine zwölfjährige Periode der Beunruhigung eines ausgedehnten Gewerbszweiges ab.

II.

Wirkung auf die Produktion. Besteuerungsform.

Bis zu dem Augenblicke, da die kleine Arbeit in den Druck geht, ist von dem Plane der Regierung nichts weiter bekannt, als ihre Absicht, den Steuersatz für den Centner Malz von 2 M. auf 4 M. zu erhöhen. Aber wenn ihre Begründung sich noch in tiefes Dunkel hüllt, so ist doch anzunehmen, dass sie nicht allzu sehr von den Argumenten abweichen wird, die man bereits häufig genug in's Feld geführt hat. Die Reichsregierung hatte bei den in Capitel I erwähnten Vorlagen regelmässig wiederholt, dass eine Erhöhung der Brausteuer einen Rückgang des Verbrauchs von Bier nicht zur Folge haben würde. 1875, als der Gesetzentwurf, der die Brausteuer innerhalb der Norddeutschen Brausteuergemeinschaft verdoppelte, in Verbindung mit dem Etat eingebracht wurde, sagten die Motive zur damaligen Vorlage — ein Argument, das sich in allen späteren Vorlagen wiederholt —

> „Wirthschaftliche Bedenken dürften sich gegen eine solche Erhöhung der Brausteuer mit Grund nicht anführen lassen. Es ist zwar namentlich von Seiten der Brauinteressenten behauptet worden, die erhöhte Steuer könne auf die Konsumenten nicht abgewälzt werden und treffe das Brauereigewerbe ausschliesslich, sodass die Prosperität desselben mindestens in Frage gestellt

sei. Geht man jedoch davon aus, dass sich im Brau steuergebiet der Materialverbrauch zu 1 hl Bier durchschnittlich auf 50 Pfund Malz berechnet (in Wirklichkeit stellt derselbe sich für das Jahr 1874 auf 41,1 Pfund Malz oder Reis und 0,43 Pfund Malzsurrogate), so kann die Verdoppelung der Brausteuer das Hektoliter Bier nur um 1 Mark vertheuern, und das Liter Bier wird also mit einer Steuer von 1 Pfennig mehr belastet*)."

Auf den ersten Blick lässt sich hier der Widerspruch erkennen, in den die Reichsregierung mit sich selbst gerieth. Sie sagte dem Reichstage, dass der Konsum nicht beeinträchtigt werden würde, während bei ihr selbst gar kein Zweifel an einem Zurückgehen der Industrie bestand. Bezifferte man doch die Einnahme aus der Erhöhung, obgleich dieselbe das Doppelte betragen sollte, nicht auf die doppelte Summe, sondern nur auf die Hälfte mehr. Man hatte für den Etat von 1876 18 Millionen veranschlagt, man berechnete den Betrag der neuen Steuer nicht auf 36 Millionen Mark, sondern nur auf 27 Millionen Mark. Man ging also von der richtigen Voraussetzung aus, dass die geplante Erhöhung der Steuer den Malzverbrauch um 4 1/2 Millionen Centner die Produktion also um 9 Millionen hl verringern würde**).

Der vorsichtige preussische Finanz-Minister Camphausen, der die damalige Vorlage vertrat, wusste wohl aus der Steuergeschichte Preussens, wie verderblich die Erhöhung einer Steuer auf den betreffenden Industriezweig wirkt. In der That hat der preussische Staat seine eigenen Erfahrungen mit der Brausteuer gemacht, die ihn abhalten sollten, einer Erhöhung derselben in dem Norddeutschen Brausteuergemeinschaft zu-

*) Drucks. des Reichstages, No. 42 vom 11. Nov. 1875.

**) F. Goldschmidt, Die Erhöhung der indirekten Steuern, S. 50.

zustimmen. Seitdem das Gesetz vom 8. Februar 1819 (siehe auch die ergänzende Kabinetsordre vom 10. Januar 1824), welches das zum Brauen verwendete Malz mit 2 Mark pro Centner besteuert, zur Ausführung kam, hat die Bierbrauerei in Preussen bis zum Jahre 1864 stete Rückschritte gemacht*). Leider fehlen für die ersten Jahre seit Inkrafttreten dieses Gesetzes die genauen statistischen Nachweise; sicher aber ist, dass die Steuer schon in den ersten Jahren ihres Bestehens einen äusserst lähmenden und mit den Jahren wachsenden Einfluss auf den ganzen Industriezweig übte. 1826 waren noch 2,430,000 Centner Malz verbraut worden, 1828 nur 2,080,000 Centner, 1830 2,010,000 Centner, 1832 sogar nur 1,780,000 Centner, und so ging es rückschreitend fort bis 1853, in welchem Jahre sich endlich eine kleine Besserung merklich zu machen beginnt. Die Zahl der im Betriebe gewesenen Brauereien, welche 1842 noch 13,289 betragen hatte, war inzwischen auf 10,742 herabgesunken. 1864 steht das Braugewerbe wieder auf demselben Standpunkte, auf dem es 1826 gestanden, und ist die Produktion ziemlich gleich derjenigen von 38 Jahren vorher; aber trotz des ungeheuren Wachsthums der Bevölkerung in diesem langen Zeitraume und trotz des gesteigerten Wohlstandes im ganzen Lande ist eine wirkliche Zunahme der Produktion seit dem Beginne der Steuer in Preussen erst seit 1866 durch das Hinzutreten neuer Provinzen zu verzeichnen.

Für das Braugewerbe kommen bei einer Erhöhung der darauf bereits lastenden Steuer folgende Punkte in Frage:

1. Trägt das Braugewerbe die Steuer selbst? Vermindert sich der Gewinn einer Brauerei um den Betrag der Steuererhöhung, oder kann der Brauer die Steuer abwälzen, indem er die Steuererhöhung zunächst nur aus-

*) Siehe ebendaselbst S. 50.

legt, und sie durch die Erhöhung des Bierpreises auf den Konsumenten überträgt? Oder kann der Brauer sich auf irgend einem anderen Wege die erhöhte Steuer wieder einbringen?

2. Vermindert die Erhöhung des Bierpreises den Bierverbrauch und welche Folgen knüpfen sich daran?

Die verbündeten Regierungen behaupten in allen früheren Vorlagen und stets mit den gleichen Worten, dass die Producenten die Erhöhung der Steuer voraussichtlich nicht tragen würden, sondern dass sie dieselbe auf den Konsumenten abwälzen können, und sie berechnen, dass die Erhöhung der Braumalzsteuer auf das Doppelte das Hektoliter Bier um 1 Mark, das Liter um 1 Pf. vertheuern würde. Es scheint ihnen aber selbst nicht sicher zu sein, dass das so leicht sei, denn sie sagen gleichzeitig, es sei auch anzunehmen, dass die Brauer den Mehrbetrag an Steuern durch vermehrte Sorgfalt, Ersparungen und Verbesserungen im Betriebe auszugleichen im Stande seien, und dass sie mit schwächer eingebrautem Bier den Preisaufschlag umgehen könnten. Einen Anhalt für diese Behauptung aber geben sie nicht, und ebensowenig machen sie dem Norddeutschen Braugewerbe damit ein besonderes Kompliment. Kann man wirklich glauben, dass die Deutschen Brauer erst neuer Steuergesetze bedürfen, um ihre Einrichtungen zu verbessern und ihre Betriebe wirksamer auszunutzen? Ganz abgesehen von dem Ehrgeiz und dem Schaffensdrang des Einzelnen bildet den nimmermüden Stimulus dafür die Konkurrenz. Die grösseren Norddeutschen Brauer verfügen über die besten Einrichtungen in der ganzen Welt, und ihre Betriebe sind einheitlicher ausgestaltet, als die Mehrzahl der Süddeutschen Brauereien, wenn sie auch von diesen vielfach an Ausdehnung übertroffen werden.

Die Norddeutschen Brauer haben aus eigener Initiative

heraus Versuchs- und Lehranstalten errichtet, um junge Kräfte heranzubilden und für ihren Beruf vorzubereiten, und sie sind seit Jahren bestrebt, die Wissenschaft in ihr Gewerbe zu tragen. Jede neue Erfindung auf dem Gebiete des Braugewerbes wird geprüft und, wenn sie sich bewährt, in den Dienst der Industrie gestellt. Das Alles passt natürlich nur auf die grossen Betriebe. Dass die kleinen Betriebe, diejenigen, die jetzt schon unter der Ungunst der Verhältnisse leiden und im Kampfe mit der Grossindustrie mühsam sich noch aufrecht erhalten, neben den Mehrkosten für die Steuer auch die Mittel für die Beschaffung neuer und besserer Einrichtungen aufzubringen in der Lage wären, werden wohl selbst dem industriellen Leben so Fernstehende, wie die Verfasser der Vorlage, nicht annehmen.

Uebrigens können theoretische Betrachtungen hier gar nicht mitsprechen. Seit einem Jahrhundert streiten sich die Nationalökonomen, wer von den betroffenen Kreisen eine neue Steuer oder eine Erhöhung der alten eigentlich trage. So verwickelt sind die Verhältnisse, dass zahlreiche Volkswirthe, wie z.B. Roscher, daran verzweifeln, dass das Dunkel, das auf der Frage der Steuerabwälzung ruht, überhaupt jemals gelichtet werde. Je weniger hier die Theorie und allgemeine Sätze aushelfen, desto mehr muss aus der Erfahrung geschöpft werden. Georg Schanz kommt in seiner trefflichen Untersuchung über die Wirkungen der Brau- und Malzsteuererhöhung im Königreich Bayern*) zu dem Ergebniss, „dass die Steuerüberwälzung auf den Preis durchschnittlich auch nicht entfernt in entsprechender Höhe gelang", und ebenso sagte der Bayerische Abgeordnete Aichbichler in den Kammerverhandlungen**):

---

*) Siehe Schmoller Jahrbücher f. Gesetzgeb. u. Verwaltg. 1882, S. 599.

**) 95. Sitzung der Bayerischen Kammer der Abgeordneten vom 29. Oktober 1889. Stenogr. Ber. Bd. 4, S. 81.

„Eine andere Seite bietet die Art und Weise der Abwälzung. Während in den grösseren Städten und einzelnen wenigen Landbezirken nach der Erhöhung des Malzaufschlages vor 10 Jahren die Abwälzung auf die Bierpreise sich ermöglicht und auch erhalten hat, ist selbe in 2 oder 3 Jahren wieder redressirt worden, in grösseren Theilen des Landes aber gar nicht in Vollzug gekommen, insbesondere überall dort nicht, wo man noch den 20 Pf.-Bierpreis (für das Liter) hat (also gerade da, wo das Bier am billigsten war). Für alle hierbei betheiligten Gewerbtreibenden hat der erhöhte Malzaufschlag den Charakter der indirekten Steuer, bezw. der Konsumsteuer verloren und ist zu einer enormen Gewerbesteuer geworden. Das muss dazu führen, dass die betheiligten Gewerbtreibenden, sofern sie nicht durch einen anderweitigen guten Fundus gesichert sind, in ihren Erwerbsverhältnissen mit der Zeit zurückgehen. Es ist denn auch bereits . . . an der Hand der statistischen Erhebungen, welche uns zu Gebote stehen, erörtert worden, wie bei den mittleren und kleineren Betrieben sich diese Rückgänge nachweisen lassen, während umgekehrt die grossen Betriebe erheblich emporgekommen sind."

Die Bayerische Pfalz hat den Beweis geliefert, dass die Auflegung einer neuen Steuer eine ganze Anzahl von Brauereibetrieben in verhängnissvoller Weise betroffen hat*). Dort bestand bis 1. Juli 1878 kein staatlicher Malzaufschlag. Die Pfalz zahlte statt dessen das geringe jährliche Aversum von 100000 Gulden oder 171428 Mark 57 Pf. Am 1. Juli 1878 wurde aber auch in der Pfalz der Malzaufschlag eingeführt, und zwar zunächst in der Höhe von 4 Mark, um dann schon am 1. November 1879 ganz wie im diesseitigen Bayern auf 6 Mark erhöht zu werden.

Wie waren die Folgen? In der Zeit vom 1. Januar 1878

*) Schanz ebendas. S. 596.

bis 1. November 1879 stellten 18, in der Zeit vom 1. November 1879 bis 1. Juli 1881 stellten 13 Brauereien ihren Betrieb ein, wogegen nur 7 neue Brauereien entstanden. Es waren vorwiegend kleine Betriebe mit weniger als 1000 Hektoliter Malzverbrauch, welche dem Untergange anheimfielen.

Aber nicht allein in der Pfalz, sondern in dem gesammten Königreich Bayern hat sich seit der Erhöhung des Malzaufschlages von 1879 die Erscheinung gezeigt, dass die zahlreichen Brauereien sich von Jahr zu Jahr verminderten. Wenn dagegen die Produktion sich im Ganzen steigerte, so waren an der Zunahme derselben die kleinen und mittleren Brauereien nicht betheiligt, sondern nur die grossen, weil sie in der Lage waren über die Steuergrenze hinaus zu exportiren und sie den Steuersatz zurückerstattet erhielten. Die nachstehende Tabelle aus dem Handwörterbuch für Staatswissenschaften, Bd. 2, S. 576, möge die Bewegung der Bayerischen Brauindustrie seit der Erhöhung des Malzaufschlages von 1879 veranschaulichen.

Die Spalten 4—8 zeigen den stetigen Rückgang der Brauereien, die weniger als 5000 Hektoliter im Jahre versieden, während die Spalten 10—12 den Beweis liefern, dass erst bei denjenigen Brauereien, die mehr als 10000 Hektoliter Malz verbrauchen, eine Zunahme bemerkbar ist.

Man soll nur nicht glauben, dass sich der Uebergang der Kleinindustrie zur Grossindustrie schmerzlos vollzieht. Die Klagen in Bayern über die Unmöglichkeit, die Erhöhung des Malzaufschlages zu ertragen, sind in den 13 Jahren seit dieser Erhöhung nicht verstummt, trotzdem man mit dem Gesetz vom 10. December 1889 den kleineren Brauereien, welche vor dem 1. Oktober 1889 bereits im Betriebe waren, gewisse Erleichterungen der Steuer dadurch gewährte, dass den grösseren Brauereien, die mehr als 10000 Hektoliter producirten, ein, wenn auch geringer Zuschlag auferlegt,

Jahr	Zahl der in Betrieb gewesenen Brauereien	Malzverbrauch Hektoliter	Zahl der Brauereien, welche Malz verbraucht haben: bis 100 hl.	über 100 bis 300 hl.	über 300 bis 500 hl.	über 500 bis 1000 hl.	über 1000 bis 5000 hl.	über 5000 bis 10 000 hl.	über 10 000 bis 20 000 hl.	über 20 000 bis 50 000 hl.	über 50 000 hl.	Menge des erzeugten Bieres Hektoliter	Auf den Kopf der Bevölkerung entfallen Liter	Betrag des Malzaufschlages M.	Betrag der Uebergangsabgabe M.	Bierausfuhr: nach den norddeutschen Staaten Hektoliter	Bierausfuhr: insgesammt Hektoliter	Bierausfuhr: Betrag der Rückvergütung M.
1	2	3	4	5	6	7	8	9	10	11	12	13	14	15	16	17	18	19
1877	5228	5 043 784	3979				1130	86	30		3	11 948 262	274	20 805 079	48 032	426 077	536 745	842 602
	1532	57 228*)										252 286						
1879	5544	5 192 967	4304				1109	91	35		5	11 904 703	232	22 441 043	81 059	462 414	642 701	1 064 792
	1572	52 445										243 610						
1880	5524	5 088 330	4286				1114	88	31		5	11 538 203	224	30 554 877	111 823	520 885	745 333	1 889 534
	1606	52 363										283 712						
1882	5482	5 187 608	7100	2188	801	793	993	84	20	16	5	11 861 782	227	31 436 141	106 735	679 223	985 831	2 580 548
	1622	55 216										245 778						
1884	5379	5 443 463	6384	2186	736	780	996	81	28	16	7	12 347 219	234	32 776 043	134 810	910 697	1 242 855	3 240 848
	1588	59 644	1517	56	5	6	6	1	—	—	—	256 772						
1885	5369	5 510 885	6435	2147	770	758	989	79	27	14	8	12 414 197	234	33 561 501	126 255	991 830	1 378 631	3 611 322
	1618	56 299	1547	57	6	5	4	1	—	—	—	245 908				8	243	
1887	5321	6 060 735	6456	2143	708	807	997	77	41	18	9	13 461 786	250	36 522 584	130 065	1 237 748	1 676 608	4 362 708
	1649	55 704	1585	59	3	5	3	1	—	—	—	243 031					145	
1889	5260	6 388 313	6386	2064	672	773	951	90	43	20	10	14 064 842	263	38 533 462	158 021	1 527 456	2 016 205	5 486 801
	1621	50 831	1555	54	6	5	2	1	—	—	—	212 228					120	

*) Die Ziffern unter der Linie bedeuten „Weissbier“.

den kleineren Betrieben hingegen, sofern sie 1888 nicht mehr als 6000 Hektoliter verwendet haben und ihre Production 7000 Hektoliter in Zukunft nicht überschreite, 1 Mark von dem Malzaufschlag für die ersten 2000 Hektoliter erlassen wurden*). Will man sich einen Begriff machen von dem Elend, das die Erhöhung des Bayerischen Malzaufschlages unter den kleineren Brauereien angerichtet hat und noch immer anrichtet, so muss man die Verhandlungen zur Hand nehmen, die jedesmal, wenn der erhöhte Malzaufschlag für

*) Bayerisches Gesetz- und Verordnungsblatt, 1889, S. 601. Art. 8 des Malzaufschlagsgesetzes: „Von dem Hektoliter des zur Bier- oder Essigbereitung bestimmten, ungebrochenen Malzes ohne Unterscheidung zwischen trockenem oder eingesprengtem Malze beträgt der Aerarialmalzaufschlag nach der in der Mühle vorgenommenen Abmessung sechs Mark.

Werden jedoch in einer Betriebsstätte in einem Jahre mehr als zehntausend Hektoliter Malz verwendet, so ist ein Zuschlag zu dem Malzaufschlage zu entrichten, welcher für die dieser Menge folgenden dreissigtausend Hektoliter je fünfundzwanzig Pfennig und für das die Menge von vierzigtausend Hektoliter übersteigende Malz je fünfzig Pfennig vom Hektoliter beträgt. . . .

Von den bereits vorhandenen Brauereien und Essigsiedereien wird, soferne in denselben im Jahre 1888 nicht mehr als sechstausend Hektoliter Malz verarbeitet wurden, für die ersten zweitausend Hektoliter des in einem Jahre verwendeten Malzes der Betrag von je fünf Mark vom Hektoliter erhoben. Diese Begünstigung erlischt für die betreffende Betriebsstätte mit dem Ablauf desjenigen Jahres, in welchem in derselben mehr als siebentausend Hektoliter Malz zur Verwendung gelangt sind.

Beträgt der Malzverbrauch einer der vorstehend bezeichneten Betriebsstätten oder eines der vor dem 1. Oktober 1889 bereits vorhandenen aufschlagpflichtigen Geschäfte, in welchem jährlich über sechstausend Hektoliter Malz verwendet wurden, in einem Jahre fünftausend Hektoliter oder weniger, so hat die Aufschlagverwaltung auf Ansuchen des Betheiligten anzuordnen, dass die Betriebsstätte vom Beginn des nächstfolgenden Jahres ab insolange dem in Abs. 3 bestimmten Steuersatze zu unterstellen ist, als nicht der jährliche Malzverbrauch siebentausend Hektoliter übersteigt.“

eine neue Finanzperiode bewilligt werden sollte, sowohl in der Bayerischen Kammer der Abgeordneten wie in der Kammer der Reichsräthe stattfanden. Ein trauriges Bild spricht aus den Petitionen derjenigen, welche sich in ihrer Existenz bedroht fühlen. Auch der Berichterstatter über den Malzaufschlag im Jahre 1889 im Bayerischen Abgeordnetenhause bestätigt die Thatsache, dass zwar die grossen Brauereien sich eines Aufschwunges zu erfreuen hätten, dass ihre Grösse sich aber auf den Trümmern der kleinen aufbaue*).

> „Das Aufblühen der Grossindustrie darf doch unmöglich in der Weise erfolgen, dass der Weg über Tausende von Brauerleichen geht. Wir müssen aus der Tabelle denn doch finden, dass heute mehr als 12000 Existenzen in der höchsten Weise gefährdet sind, dass der vollständige Ruin derselben nur eine Frage der Zeit ist.“

Fast sämmtliche Abgeordnete der Bayerischen Kammer erkannten die schwere Bedrängniss der kleineren Brauer an, und nur die financielle Bedrängniss des Staates bewog die Majorität, den erhöhten Malzaufschlag weiter zu bewilligen.

Die Verhältnisse in Württemberg liegen etwas anders wie in Bayern, weil in Württemberg die Anzahl der Brauereien, welche lediglich für den eigenen Bedarf arbeiten, erheblich grösser ist, als in dem östlichen Nachbarstaate. Nach Erhöhung der Malzsteuer im Jahre 1881 von 3 Mark 60 Pf. auf 5 Mark für den Centner Malz ist die Zahl der gewerblichen Brauereien, ebenso auch die Produktion zurückgegangen. Die Zahl der gewerblichen Brauereien verminderte sich, wie nachstehende Tabelle ergiebt,

---

*) S. Verhdlg. d. Bayerischen Kammer d. Abg. 1889, Bd. 4, S. 77.

von 2583 im Jahre 1881
auf 2427 „ „ 1885/86,
„ 2383 „ „ 1888/89.

Die Produktion erfuhr einen Rückgang.

Jahr	Anzahl der in Betrieb gewesenen Brauereien			Verbrauch an		Menge des erzeugten Bieres	Auf den Kopf der Bevölkerung entfallen	Von den in Betrieb gewesenen a) von den gewerblichen						
	Gesammtzahl	davon sind gewerbliche	davon sind Privat-brauereien	Malz	Malzsurrogaten			bis 100 Mark	zwischen 100 und 400 Mark	zwischen 400 und 1000 Mark	zwischen 1000 und 3000 Mark	zwischen 3000 und 10000 Mark	zwischen 10000 und 60000 Mark	über 60000 Mark
				100 kg	100 kg	hl	Liter							
1	2	3	4	5	6	7	8	9	10	11	12	13	14	15
1880/81	7623	2583	5040	796730	3853	3396292	172	109	544	760	736	337	93	4
1885/86	7352	2427	4925	696123	3026	2878754	144	73	415	694	751	364	122	8
1888/89	7668	2383	5285	772586	2936	3153511	158	95	368	662	734	370	144	10

Wie man sieht, beginnt erst nach 7 Jahren eine mässige Steigerung der Produktion, und wenn diese heute ungefähr denselben Stand erreicht hat, wie zur Zeit der Steuererhöhung, so steht diese Steigerung keinesfalls im Verhältnisse zu der Vermehrung der württembergischen Bevölkerung.

Die mittleren und kleineren Brauereien Württembergs empfinden die Höhe der Bierbesteuerung als recht drückend, obwohl schon zehn Jahre seit der letzten Erhöhung verflossen sind. Sie haben sich wiederholt an ihre Landesvertretung gewandt und gebeten, ihnen eine Erleichterung zu gewähren. Ihre Nothlage wurde auch von der Finanzkommission der zweiten Kammer anerkannt und hat dieselbe folgenden Antrag unter dem 22. April 1891 befürwortet:

> „dass diejenigen Bierbrauer, welche im Jahre nicht mehr als 2000 Centner Malz verbrauchen, für die ersten 1000 Centner nur 4 Mk. 50 Pf. vom Centner zu bezahlen haben.“

Es ist dieser Antrag um so beachtenswerther als die kleineren Brauereien in den meisten Fällen ihr Bier selbst zum Ausschank bringen und so auch den Gewinn des Schankwirthes einheimsen.

Brauereien entrichten an Steuer b) von den Privatbrauereien				Betrag der Steuer	Betrag der Uebergangsabgabe	Betrag der Rückvergütung
bis 20 Mark	zwischen 20 und 50 Mark	zwischen 50 und 200 Mark	über 200 Mark	M.	M.	M.
16	17	18	19	20	21	22
3946	1079	13	2	5768421	71360	107800
4592	306	24	3	6995967	130030	134800
5037	221	24	3	7759612	183973	135898

Baden wie Elsass-Lothringen weichen in der Form ihrer Besteuerung von den übrigen Deutschen Staaten ab. In den genannten Ländern besteht keine Materialien-, sondern eine Fabrikat- resp. Kesselsteuer, und zwar betrug der Steuersatz in Baden 1870 20 Pf. für je 15 Liter Rauminhalt, wurde aber durch die badischen Finanzgesetze vom 18. März 1880 um 50 % erhöht, d. h. auf 30 Pf. pro 15 Liter oder 2 Pf. pro Liter. Zieht man bei der Besteuerung des Rauminhaltes in Betracht, dass die Abgänge nicht in Abrechnung gebracht werden, so trifft das Hektoliter Bier eine Besteuerung von 3,20 M. Das würde gleichkommen einer Materialiensteuer von 6,40 M. für den Centner Malz. Wenn auch die Verhältnisse in Baden wesentlich andere sind als in andern Deutschen Staaten und dort der Bierkonsum bedingt wird durch die Menge des gekelterten Weines, wenn auch der Konsum nicht zurückgegangen ist, sondern sogar eine Steigerung erfahren hat, so steht doch die Thatsache fest, dass, wie in Baiern und Württemberg, die kleinen Betriebe von der Steuererhöhung auf das härteste betroffen und von den wenigen Grossbetrieben immer mehr verdrängt werden. Veranschaulichen möge das folgende Tabelle.*).

Jahr 1. Dezemb. bis 30 Nov.	Zahl der betriebenen Brauereien	Von den in Betrieb gewesenen Brauereien entrichteten an Steuer											Menge des gewonnenen Bieres	Auf den Kopf der Bevölkerung entfallen	Betrag der Biersteuer	Betrag der Uebergangsabgabe	Betrag der Steuerrückvergütung
		unter 50 M.	50-100 M.	100-200 M.	200-500 M.	500-1000 M.	1000-2000 M.	2000-5000 M.	5000-10 000 M.	10 000-30 000 M.	30 000-60 000 M.	über 60 000 M.	hl	Liter	M	M	M
1876	1558	71	70	170	465	338	232	137	40	28	7	—	1 050 841	69	2 241 816	220 530	47 144
1878	1615	78	71	146	525	353	232	134	39	29	8	—	1 085 020	70	2 314 709	228 229	66 328
1880	1603	69	65	122	437	363	286	148	68	28	15	2	1 155 450	74	3 084 893	288 262	105 915
1883	1560	48	54	107	406	387	260	166	71	39	12	10	1 220 728	77	3 906 331	307 918	224 929
1885	1506	53	61	106	376	368	253	163	66	34	16	10	1 244 485	78	3 982 353	353 136	220 576
1887	1483	51	43	94	332	361	273	183	67	49	15	15	1 484 477	92	4 750 326	421 705	286 094
1888													1 508 704	94	4 827 854	466 528	315 457

Die Steigerung des Bierkonsums trotz der erfolgten Steuer-Erhöhung ist immerhin eine merkwürdige Erscheinung.

Jahr	Anzahl der in Betrieb gewesenen Brauereien	Menge des gewonnenen Bieres			Auf den Kopf der Bevölkerung entfallen	Von den in Betrieb gewesenen Brauereien entrichteten an Steuer				
		starkes Bier hl	Dünnbier hl	Summa hl	Liter	bis 150 M	150—300 M	300—600 M	600—1500 M	1500—3000 M
1873	318	936 894	50 858	987 752	64	19	17	23	85	54
1875	294	731 805	31 508	763 313	50	41	22	49	51	60
1880/81	222	947 497	35 162	982 659	63	6	7	12	44	50
1885/86	189	667 989	22 729	690 718	44	8	12	9	42	34
1888/89	169	727 606	31 652	759 258	49	8	8	14	30	33

*) Conrad, Handwörterbuch der Staatswissenschaften. Band 2, S. 584.

Sie findet aber ihre Erklärung einfach darin, dass die Weinerndten der letzten zehn Jahre nach Menge und Güte ausserordentlich ungünstige waren, und die Bevölkerung ihrer früheren Gewohnheit entgegen zum Biergenuss hindrängten, ein Umstand, der auch noch dadurch begünstigt wurde dass der Ausschankpreis des Bieres sich ungeachtet der Vermehrung der Steuer nicht erhöhte.*)

Der Vollständigkeit halber sei auch Näheres über die Bewegung im Braugewerbe in Elsass-Lothringen mitgetheilt. Die Besteuerungsverhältnisse sind seit der Vereinigung von Elsass-Lothringen mit dem Deutschen Reiche die gleichen geblieben, wie zu der Zeit, wo diese beiden Provinzen noch zu Frankreich gehörten, und kommen deswegen für uns nicht in Betracht. Es findet dort die Kesselbesteuerung statt, und zwar beträgt der Satz 2,30 M. für das Hektoliter starken, und 58 Pf. für das Hektoliter dünnen Bieres, und es darf der Abgang mit 20 % von dem berechneten Rauminhalt in Abzug gebracht werden.

Vergegenwärtigen wir uns nun die Verhältnisse in den biertrinkenden Ländern, in Bayern und Württemberg, so lehren

Von den in Betrieb gewesenen Brauereien entrichteten an Steuer					Betrag der Biersteuer		Gesammt-steuerertrag	Betrag der Übergangs-abgabe	Betrag der Licenz-gebühr	Betrag der Steuerrückvergütung
3000—6000 M	6000—15 000 M	15 000—30 000 M	30 000—90 000 M	über 90 000 M	zum Satze von 2,30 M pro hl	zum Satze von 0,58 M pro hl				
					M	M	M	M	M	M
52	42	11	11	4	2 147 334	29 115	2 176 449	145 455	12 132	496 445
43	31	12	9	3	1 663 636	18 133	1 681 769	152 460	10 875	503 000
35	41	10	11	6	2 151 396	20 342	2 171 738	304 114	8 467	632 606
33	32	9	7	3	1 516 957	13 104	1 530 061	404 362	7 195	383 393
22	34	5	12	3	1 651 848	18 275	1 670 123	522 019	6 449	256 086

*) Wer die Erhöhung der Steuer trug, ob Brauer oder Gastwirth oder Beide oder ob die Qualität des Bieres verringert wurde, war nicht festzustellen.

diese uns, dass die Steuererhöhungen die Produktion auf das Einschneidendste beeinflusst haben. Dass die Produktion in der Norddeutschen Brausteuergemeinschaft, wo das Bier nicht das fünfte Element ausmacht, wie in Bayern und wo der Verbrauch weit hinter dem der Süddeutschen Staaten zurücksteht, unberührt von der Steuererhöhung hervorgehen sollte, wird wohl Niemand behaupten wollen. Die Brauereien innerhalb der Norddeutschen Brausteuergemeinschaft würden um so härter die Verdoppelung der gegenwärtigen Steuer empfinden, als der Zeitpunkt für eine Steuererhöhung jetzt viel ungünstiger ist, als jener Zeitpunkt, in dem die Bayerischen Brauer von der Malzaufschlagserhöhung im Beginn des vorigen Jahrzehnts betroffen wurden. Die Erträge der Norddeutschen Brauereien sind ohnedies in den letzten Jahren stark geschmälert worden, indem nicht nur die Arbeitslöhne, die Kohlenpreise gestiegen sind, sondern auch die direkten Steuern sich vermehrten, wenigstens in dem grössten Norddeutschen Staate in Preussen.

Wenn die Verhältnisse der zahlreichen Privatbrauereien sich der öffentlichen Beurtheilung entziehen, so sprechen die Gewinne der Aktienbrauereien deutlich genug. Wenn einzelne derselben ungewöhnliche Gewinne erzielen, so haben bei denselben besondere Gründe, besondere Glücksumstände mitgewirkt. Nach einem Auszuge aus Salings Börsen-Jahrbüchern*) stellten sich die Verhältnisse folgendermaassen:

Diese 34 Aktiengesellschaften, deren Gesammtkapital nach vorstehender Tabelle etwa 75 Millionen Mark beträgt, erzielten im Betriebsjahre 1890/91 einen Gewinn von zusammen etwa 5 Millionen Mark, d. h. einen ungefähren Gewinn von 6,4 Procent.

Diese Brauereien producirten, wie ebenfalls die Tabelle ergiebt, etwa 2 900 000 Hektoliter Bier und haben dafür

*) Tabelle auf S. 30.

durchschnittlich 1 Mark an Brausteuer an die Reichskasse abgeführt. Wird nun diese Steuer, wie es in der Absicht der Regierung liegt, verdoppelt, so würden von dem erzielten Gewinne von ca. 5 Millionen Mark, falls die Steuer sich nicht abwälzen lässt, mindestens 2 900 000 Mark in Abzug kommen der Gewinn der 34 Brauereien um mehr als die Hälfte reducirt werden und das darin angelegte Aktienkapital sich nur noch mit 2½ Procent verzinsen.

Es muss unbedingt bestritten werden, dass die Steuer ohne Weiteres und vollkommen auf den Konsumenten abgewälzt werden kann. Wenn überhaupt, so gelingt die Abwälzung erst dann, wenn in einer langen Uebergangsperiode eine grosse Anzahl kleiner Brauereien der neuen Belastung erlegen ist und, wie es in Bayern und Württemberg der Fall ist, die Produktion in immer weiterem Umfange sich durch den Grossbetrieb allein vollzieht. Mit Recht sagt Schanz*):

> „Von einem glatten einfachen Process kann absolut keine Rede sein. Die verschiedenen Möglichkeiten der Ueberwälzung, wie Verschlechterung der Qualität, verbesserte Produktion in Verbindung mit Grossbetrieb und Unterdrückung der kleinen und schwachen Betriebe, Kürzung des Gewinns beim Producenten und Ausschänker, Steigerung der Preise kommen alle thatsächlich vor, und es ist nicht ausgeschlossen, dass alle gleichzeitig im einzelnen Falle bruchstückweise zusammenwirken. In der Regel wird aber die Bewegung vorzugsweise nach der einen oder anderen Richtung vor sich gehen. Man kann jedoch nicht behaupten, dass die Ueberwälzung im Preise auch nur die Mehrheit der Fälle bildete.“

---

*) Schmoller, J. f. Gesetzgeb., Verw. u. Volksw. 1882. S. 603.

Zusammenstellung der Rentabilität, des Verkaufs resp. der Produktion und

Namen der Brauerei	Aktienkapital	Dividende in Proc. 1888/89	1889/90	1890/91
Akt.-Brauerei Friedrichshain	1 950 000	10	5	4
- - Friedrichshöhe s. 1. 10. 91	1 050 000 / 2 730 000	45	40	26
Bergische Brauerei-Ges. Küpper	3 500 000	9	5	3
Berl. Bock-Brauerei	4 200 000	1	0	0
- Unions-Brauerei	3 000 000	6½	4	4
- Weissbier-Br. Akt.-Ges.	620 000	7	7	4½
- - - vorm. Hilsebein	1 250 000	7	4	0
- - - - Landré	1 650 000	9	8	0
WeissbierAkt.-Brauerei vorm. Bolle	750 000	5	3	0
Böhm. Brauhaus	3 300 000	14	14	12
Brauerei Königstadt	3 600 000	9	6	5
- Pfefferberg	2 800 000	7	7	7
Bresl. Akt.-Brauerei	662 050	0	0	0
Dortmunder Akt.-Brauerei	1 059 900	26⅔	26⅔	26⅔
- Union- -	2 000 000	18	18	18
Frankfurter Bierbrauerei-Ges. vorm. Henninger u. Söhne	2 100 000	2	0	0
	1 000 000	5	5	5
Ges. f. Bierbr., Spiritus u. Presshefefabr.	2 000 000	14	14	15
Hessische Akt.-Bierbrauerei, Kassel	1 050 000	8	8	8
Hoefel Brauerei Akt.-Ges., Düsseldorf	1 700 000	9	9	9
Klosterbrauerei Roederhof (bei Halberstadt)	1 250 000	9	7	7
Leipzig. Bierbrauerei, Riebeck u. Co.	4 000 000	11	10	10
Lindener Akt.-Br. vm. Brande u. Meyer	1 134 000	23	22½	22½
Dortmunder Löwen-Brauerei	2 000 000	10	11	10
Akt.-Brauerei-Ges. Moabit	2 550 000	1	0	0
Münchener Brauhaus, Akt.-Ges.	1 599 600	0 / 7	0 / 2	0 / 2
Norddeutsche Brauerei	3 000 000	5	3½	3½
Schlossbrauerei Schöneberg	1 620 000	12	12	10
Spandauerberg-Brauerei, Akt.-Ges.	3 000 000	9	9	7
Vereins-Brauerei	Stamm-Akt. 1 000 000	4½	4½	4½
	Prior.-Akt. 2 000 000	6½	6½	6½
Victoria Brauerei	1 420 000	8	6	5
Brauerei Tivoli	6 000 000	5	4	—
Schultheiss Brauerei	2 400 000 + 3 000 000	15	16	16
WickülerBrauer.-Akt.-Ges. in Elberfeld	1 500 000	9½	9½	9
Wiesbad. Kronenbrauerei-Akt.-Ges.	1 100 000	5	3½	0

*) Die hier gegebenen Ziffern bedeuten, wo nichts anderes bemerkt ist, die Hektoliter. PT. = Zahl der producirten Tonnen.)

der gezahlten Brausteuer von Deutschen Brauereien in den Jahren 1889—91.

Summe der gezahlten Dividende ℳ			Gezahlte Brausteuer in den Jahren (Zahl der produc. Hl.*) 1 Hl. = 1 Mark Brausteuer)		
1888/89	1889/90	1890/91	1888/89	1889/90	1890/91
195 000	97 500	78 000	73 831	72 476	67 152
472 500	420 000	273 000	151 985 (P.)	152 394 (P.)	156 979 (P.)
315 000	175 000	105 000	110 000 (P.)	88 000 (P.)	91 797 (P.)
42 000	0	0	129 505	123 787 (A.)	118 645 (A.)
195 000	120 000	120 000	90 607 (A.)	82 958 (A.)	88 682 (A.)
43 400	43 400	27 900	27 639 (A.)	29 512 (A.)	27 106 (A.)
87 500	50 000	0	49 779	50 266	50 448
148 500	132 000	0 (128 778)	70 670 (T.)	70 292 (T.)	69 137 (T.)
37 500	22 500	—	49 634 (P.)	54 004 (P.)	50 529 (P.)
462 000	462 000	396 000	203 738	197 975	195 225
{324 000 {7 221	{216 000 {10 317	180 000	111 792	105 978	103 548
196 000	196 000	196 000	76 280 (ℳ)	84 015 (ℳ)	81 495 (ℳ)
0	0	0	21 869 (A.)	22 599	19 090
282 640	282 640	282 640	112 000	113 012	109 542
360 000	360 000	360 000	96 732	118 471	126 807
{42 000 {50 000	50 000	50 000	118 913	128 966	121 424
280 000	280 000	300 000	46 729	50 849	51 207
84 000	84 000	84 000	42 509	44 652	44 773
153 000	153 000	153 000	51 044	55 432	52 414
112 500	87 500	87 500	42 878	47 711	51 013
440 000	400 000	400 000	177 731	185 353	187 249
262 080	255 150	255 150	91 226	91 079	99 579
200 000	220 000	200 000	86 995	91 385	88 660
25 500	0	0	60 262	49 753	56 566
99 000	25 992	25 992	46 037	49 596	48 749
150 000	105 000	105 000	58 968	63 908	64 684
194 400	194 400	162 000	90 002	100 618	109 458
270 000	270 000	210 000	115 470	124 645	117 515
175000	175000	175 000	91 599	105 537	111 164
113 600	85 200	71 000	42 348 (P.)	46 015 (P.)	43 962 (P.)
300 000	240 000	—	182 235	191 461	—
360 000	384 000	384 000	190 805 (P.)	201 285 (P.)	227 779 (P.)
142 500	142 500	135 000	49 753	55 006	56 383
55 000	38 500	—	28 801	30 377	27 130

Zahl der von jeder Brauerei verkauften Hektoliter. (P = Zahl der producirten

Ihm schliesst sich auch Adolf Wagner an. In der 2. Auflage seiner „Finanzwissenschaft“, S. 353 heisst es:

„Die Ueberwälzung gelingt allein oder wenigstens vorzüglich den „befähigteren“ Elementen, namentlich nur den wirklich ökonomisch und technisch geschickteren und thätigeren Steuerzahlern, denjenigen von ihnen, welche über grössere Kapitalien verfügen und alle erforderlichen technischen Veränderungen des Betriebes leichter durchführen können. Im Ganzen ist daher der Grossbetrieb besonders im Stande, solche Abwälzungen zu bewirken, ja ein grösserer Umfang des Betriebes ist mitunter die Voraussetzung des Erfolges der Betriebsänderung in dieser Richtung, und die Besteuerung begünstigt daher die ohnehin vielfach bestehende Tendenz zum Grossbetriebe.“

In den letzten Vorlagen zur Erhöhung der Brausteuer ist auch der Versuch gemacht worden, die Form der Besteuerung zu ändern und die Gewichtssteuer in der Norddeutschen Brausteuergemeinschaft durch die Maassbesteuerung, wie sie in Bayern und Württemberg besteht, zu ersetzen.

Nach den Erhebungen, wie sie auf Veranlassung des Staatssekretärs des Reichsschatzamtes in den Süddeutschen Staaten gemacht worden sind, kann wohl mit Sicherheit angenommen werden, dass in der zu erwartenden Vorlage dieser Vorschlag wiederholt wird. Es sei dahingestellt, welche Vorzüge die eine oder die andere Besteuerungsform für die Technik des Betriebes hat; aber wird der Gedanke, wie es der Fall zu sein scheint, wieder aufgenommen, so steigt die Frage auf, wem die Kosten der Anschaffung der Messapparate auferlegt werden sollen. Nach den Bestimmungen des § 9 der Vorlage von 1879*) sollte Malz nur gebrochen werden

*) Drucks. d. Reichstages, No. 135 vom 16. April 1879, S. 4.

1. auf öffentlichen, nicht transportablen Mühlen,
2. auf Privatmühlen, an welchen ein genehmigter Messapparat angebracht ist.

Den Branntweinbrennern hat die neue Branntweinsteuergesetzgebung den Uebergang zu einer anderen Besteuerungsform wesentlich erleichtert, indem in § 9 bestimmt wurde:*)

„Die Kosten für die erstmalige Beschaffung der Sammelgefässe, der Messapparate, der Ueberröhren und der Kunstschlösser trägt die Branntweinsteuergemeinschaft“.

Es ist kaum anzunehmen, dass man den Brauern mit gleicher Liebe entgegenkommen wird, wie den glücklichen Branntweinbrennern. Die Aenderung des Systems würde aber auch — und das muss hier offen ausgesprochen werden — die schwersten Nachtheile wiederum für die kleinen Brauereien im Gefolge haben. Diese würden ihr Malz auf öffentlichen Mühlen mahlen lassen und neben den Kosten für das Mahlen die Kosten des Transports nach und von der Mühle tragen müssen. Aber auch andere Nachtheile erwachsen den kleineren Brauereien, denjenigen, welche nicht in der Lage sind, sich eigene Mühlen anzuschaffen und welche in ihrem Betriebe in Abhängigkeit von den öffentlichen Mühlen gerathen. Sie werden, wie die kleinen Brauereien in Bayern und in Württemberg zu ihrem Schaden erfahren haben, nicht mehr brauen können, wann sie wollen, sondern dann, wenn das Malz ihnen in der Mühle geschrotet wird. Ausserdem werden diejenigen, welche unter dem gegenwärtigen System eine fixirte Summe als Steuer zahlen, diese Vergünstigung verlieren und allen den mit der Kontrole nothwendig verbundenen Belästigungen, die für die grossen Brauereien kaum empfindlich sind, unterworfen werden.

---

*) § 9 des Branntweinsteuergesetzes vom 24. Juni 1887, Reichsgesetzblatt 1887, S. 256.

Auch ein in Steuersachen so erfahrener Beamter, wie der Regierungsrath Dr. Kindervater in Altona muss das zugeben, indem er sagt:*)

> „Ein durchgreifender Unterschied besteht jedoch zwischen dem gegenwärtigen Erhebungssystem und der künftigen Vermahlungssteuer insofern, als die ungleichmässige Behandlung dort hauptsächlich zu Gunsten der kleineren, hier ausschliesslich zu Gunsten der grösseren Brauer eintritt“.

Und weiter unten:

> „Die schonende Behandlung, welche derselbe (der Kleinbetrieb) auf steuerlichem Gebiete jetzt erfährt, wird daher unter der Herrschaft der Vermahlungssteuer in Fortfall kommen und dadurch demselben eine wesentliche Unterstützung in dem so schwierigen Konkurrenzkampfe mit dem Grossbetriebe entzogen werden. Als unvermeidliche Folge hiervon lässt sich die baldige Vernichtung zahlreicher Brauereien und schliesslich der völlige Untergang des Kleingewerbes voraussehen“.

Wenn auch vielleicht nicht die grossen Brauereien, — die mittleren und kleineren haben allen Grund, sich gegen eine Aenderung der Gewichtsbesteuerung zu verwahren.

---

*) Schanz, Finanz-Archiv, Bd. IV, S. 695.

III.

Wirkungen auf den Verbrauch. Vergleich mit Bayern. Schlusswort.

Ist im vorigen Kapitel an der Hand der Erfahrungen, die in Bayern und Württemberg gemacht worden sind, nachgewiesen, dass die Steuerüberwälzung den Brauern im Allgemeinen nicht gelang, so war doch naturgemäss, dass sie in ihren Bemühungen, durch eine Erhöhung des Bierpreises ihre Mehrausgabe an Steuern wieder einzubringen, nicht nachliessen. Für einen kleinen Theil der Steuer, und nachdem eine grosse Anzahl der kleinen Brauereien darüber zu Grunde gegangen war, ist das auch gelungen. Wie aber hat denn die meist nur zum kleinen Theil gelungene Abwälzung auf den Verbrauch gewirkt? In Baiern betrug derselbe im Jahre 1877/78 12 266 000 hl Bier, 1879/80 nach der Steuererhöhung 11 540 000 hl Bier**).

Erst nach 10 Jahren hatte sich der Verbrauch soweit wieder gehoben, dass er demjenigen vor der Erhöhung des Malzaufschlages annähernd gleichkam.

In Württemberg wurden 1880/81*) 3 352 000 Hektoliter, 1888/89 3 168 000 Hektoliter und 1889/90 3 434 000 Hektoliter Bier verbraucht. Hier erreichte nach 8 Jahren der Verbrauch die frühere Höhe.

---

*) Stat. Jahrbuch d. Deutschen Reiches. 1892. S. 135.

**) Ebenda.

Bierverbrauch in den Deutschen Steuergebieten 1877 bis 1890/91.

Etatsjahre	Berechneter Verbrauch überhaupt 1 000 Hektoliter					
	Brausteuergebiet	Bayern	Württemberg	Baden	Elsass-Lothringen	Deutsches Zollgebiet (einschl. Luxemburg)
1877/78	20 495	12 266	3 736	1 180	610	38 337
1878/79	20 509	11 838	3 019	1 153	603	38 197
1879/80	20 095	11 540	3 118	1 151	650	36 613
1880/81	21 198	11 115	3 352	1 204	840	37 783
1881/82	21 368	11 488	3 210	1 227	823	38 188
1882/83	22 214	11 159	3 019	1 202	730	38 397
1883/84	23 530	11 197	3 066	1 228	761	39 866
1884/85	24 748	11 406	3 016	1 258	776	41 286
1885/86	24 479	11 324	2 870	1 267	700	40 719
1886/87	27 096	11 564	3 306	1 331	762	44 132
1887/88	28 073	12 073	3 571	1 503	868	46 178
1888/89	29 540	11 708	3 168	1 531	877	46 915
1889/90	33 490	12 316	3 434	1 642	930	51 911
1890/91	33 769	12 332	3 522	1 688	1 021	52 433

Diese Zahlen geben aber nur den absoluten Verbrauch wieder, ohne Rücksicht auf die Zunahme der Bevölkerung. Wie stellt sich hingegen das Verhältniss, wenn man den Verbrauch auf den Kopf der Bevölkerung berechnet? Selbst wenn der Verbrauch der gleiche geblieben wäre, so würde das eine Verminderung bedeuten, denn in Bayern vermehrte sich die Bevölkerung von 1879 ab bis 1890 um ungefähr 6 %; in Württemberg 1881—1890 um ungefähr 3½ %. In Bayern betrug der Verbrauch pro Kopf der Bevölkerung*) vor der Steuererhöhung 228,6 Liter und erreichte auch nach 10 Jahren noch nicht ganz denselben Stand, wie vor der Malzaufschlagserhöhung.

*) Ebenda.

Bierverbrauch in den Deutschen Steuergebieten 1877 bis 1890/91.

Etatsjahre[1])	Verbrauch auf den Kopf Liter					
	Brausteuergebiet	Bayern	Württemberg	Baden	Elsass-Lothringen	Deutsches Zollgebiet (einschl. Luxemburg)
1877/78	62,3	239,5	194,0	77,1	39,4	88,7
1878/79	61,6	228,6	207,2	74,6	39,4	87,4
1879/80	59,6	220,6	159,2	73,9	42,5	82,8
1880/81	62,2	210,7	170,1	76,8	53,7	84,6
1881/82	62,3	216,3	162,4	77,9	52,5	84,9
1882/83	64,2	209,0	152,5	76,1	46,6	84,8
1883/84	67,5	208,9	154,5	77,5	48,6	87,5
1884/85	70,4	211,9	151,6	79,0	49,5	90,0
1885/86	69,0	209,1	143,8	79,2	44,7	88,8
1886/87	75,7	212,3	164,8	82,8	48,6	94,5
1887/88	77,5	220,2	177,0	93,1	55,3	97,9
1888/89	79,9	212,4	156,3	94,3	55,8	97,5
1889/90	88,5	222,1	169,0	100,9	59,1	105,8
1890/91	87,8	221,2	173,0	103,2	63,7	105,8

Während also die absolute Ziffer der Bierproduktion schon nach sieben Jahren erreicht wird, sogar überschritten ist, ist der Antheil jedes Einzelnen an dem Verbrauche erst zehn Jahre nach der Malzaufschlagserhöhung so gross als vorher. In Württemberg betrug der Bierverbrauch pro Kopf der Bevölkerung vor der Steuer 1881 170,1 Liter, im Jahre 1882/83 152,5 Liter, 1888/89 156,3 Liter und erst im letzten Jahre 1890/91 ist die Wirkung der Erhöhung bei einem Verbrauche von 173,0 Liter pro Kopf der Bevölkerung überwunden worden. In der Brausteuergemeinschaft, in welcher alle Versuche, die Steuer zu erhöhen, vergeblich waren, hat der Verbrauch für den Kopf der Bevölkerung stetig zugenommen*).

*) Ebenda.

Wenn die verbündeten Regierungen 1881 wiederholten*), „dass dieser zum Bedürfniss gewordene Biergenuss durch eine Preiserhöhung, wie sie in Folge der Steuerverdoppelung eintreten könnte, anders als etwa vorübergehend und in mässigem Umfange vermindert werden sollte, ist durchaus unwahrscheinlich“, so werden sie sich heute sagen müssen, dass in Bayern und Württemberg 10 Jahre kaum ausgereicht haben, die erlittene Einbusse wieder auszugleichen. Auch scheinen die verbündeten Regierungen sich eine Erhöhung des Bierpreises allzu leicht vorzustellen. Die Erfahrung hat gelehrt, dass versuchte Erhöhungen des Bierpreises auf gewaltsamen Widerstand des biertrinkenden Publikums gestossen sind. In Frankfurt, Stuttgart, Mannheim, München, Nürnberg, Würzburg u. s. w. kam es zu blutigen Krawallen. Mancher Frankfurter wird sich noch des 21. April 1873 erinnern, und der gegenwärtige preussische Finanzminister lässt sich vielleicht von seinem Nachfolger in Frankfurt die Chronik jener blutigen Tage kommen und theilt sie seinem Kollegen im Reich, dem Staatssekretär im Reichsschatzamt mit. Nicht weniger als 18 Todte und 40 Verwundete waren das Ergebniss des fruchtlosen Versuchs, den Bierpreis wegen des Misswachses in Gerste und Hopfen um ein Geringes zu erhöhen. Je tiefer solche Ausschreitungen zu beklagen sind, desto mehr sprechen sie dagegen, den Preis eines Genussmittels zu erhöhen, an das die Bevölkerung sich seit unvordenklichen Zeiten gewöhnt hat. Das Bier ist vorzugsweise ein Genussmittel der breiten Massen, und deren Einkommen ist nicht so gross, dass sie gegen eine Preiserhöhung von 1—2 Pf., wie sie die Regierung für wahrscheinlich hält, unempfindlich bleiben könnten. Alle Bemühungen unserer Steuerreformer sind im letzten Jahrzehnt darauf hinausgegangen, die Lage der Klassen mit geringerem Einkommen

*) Drucksachen des Reichstages 1881, No. 58, S. 17.

zu verbessern. Schon 1882 hat man in Preussen die damalige Klassensteuer für die untersten Steuerstufen ermässigt und ein Viertel der veranlagten Steuer erlassen. Das neue Einkommensteuergesetz hat das Einkommen bis 900 M. gänzlich freigelassen und auch denjenigen, deren Einkommen 900 M. nicht allzusehr überschreitet, wesentliche Erleichterungen gewährt; ja es beschränkt sogar die Kommunen in der Heranziehung der untersten Steuerstufen zur Gemeindeeinkommensteuer. Wozu der Lärm, wenn man diesen Klassen die ersparten Summen durch die Vertheuerung eines unentbehrlichen Genussmittels wieder aus der Tasche nehmen will?

In England, wo der standard of life der Klassen mit geringem Einkommen allgemein als besser gilt, wie derjenige der gleichen Klassen in Deutschland, und wo sich nach der letzten Biersteuererhöhung noch in stärkerem Maasse als bei uns die Umwandlung der Kleinbetriebe in Grossbetriebe vollzogen hat, ist der Gedanke wiederholt angeregt worden, die Steuer ganz aufzuheben und damit den Kampf gegen den Alkoholismus zu erleichtern. Nur wegen der grossen financiellen Bedeutung dieser Steuer hat man den Gedanken nicht weiter verfolgt; er ist aber sicherlich der Erwägung mehr werth als eine Erhöhung.

Ueberhaupt sollte man nicht aus den Augen verlieren, dass das Bier sich stets als das beste Hilfsmittel gegen die Trunksucht erweist, und es wäre wahrlich angebracht, auch den Hygieniker zu hören, wenn es sich um die Besteuerung von Nahrungs- und Genussmitteln handelt. Zwei hervorragende Hygieniker und Aerzte, Professor Rosenthal in Erlangen, und der durch seine verdienstvollen Schriften zur Abwehr der Trunksucht bekannte Geh.-Sanitätsrath Baer, obwohl sie beide im Gegensatz zu Uffelmann, der in dem Bier auch ein wichtiges Nahrungsmittel sieht, es nur als Genussmittel betrachten, empfehlen die Errichtung kleiner, überall zerstreuter Brauereien, während eine Erhöhung der Brausteuer gerade diesen kleinen Brauereien den Lebensfaden abschneiden muss. Baer sagt*):

„Bier wirkt, in mässigen Mengen genossen, seiner belebenden, erfrischenden, kräftigenden, auch etwas nährenden und durststillenden Eigenschaften wegen vortheilhaft auf den Organismus ein und kann als Volksgetränk im weitesten Sinne den übermächtigen Feind des Branntweins bilden. Dazu gehört aber, dass es billig käuflich und von guter Qualität sei, dass es nicht durch übermässigen Alkoholgehalt den Rausch und Alkoholismus befördert, den es bekämpfen soll. Um dieses letztere zu erreichen, ist jede Ermässigung der Biersteuer, und in einem viel höheren Grade die Errichtung der kleinen Brauereien — im Gegensatz zu der Vernichtung der kleinen Branntweinbrennereien — zu empfehlen.“

Und Rosenthal sagt in der Schlussbemerkung seiner bekannten Schrift „Bier und Branntwein“:

„Namentlich der Genuss billigen, nicht zu alkoholreichen Bieres, wie es nur von kleineren, überall zerstreuten Brauereien in genügender Menge geliefert werden kann, ist zu begünstigen. Wird solchen kleineren Gewerbebetrieben durch Verschärfung der Steuern die Möglichkeit, mit Nutzen zu arbeiten, verkümmert, so leidet am meisten der kleine Mann, und der Schnapskonsum nimmt gerade in diesen Kreisen am meisten zu**).“

Vor einem Jahre hat die Regierung geglaubt, mit einem Gesetz gegen die Trunksucht das Deutsche Volk beglücken

*) Die Trunksucht und ihre Abwehr von Dr. A. Baer. Wien und Leipzig 1890. S. 59.

**) Bier und Branntwein, ihre Bedeutung für die Volksgesundheit von Dr. J. Rosenthal. Berlin 1881. S. 51.

zu sollen. Es mag sein, dass die Trunksucht zugenommen hat, aber es ist der Branntwein, nicht das Bier, welcher die Quelle derselben bildet. Nimmt man die Annalen der Königlichen Charité in Berlin zur Hand, so findet man in dem Aufsatz von Dr. Siemerling*), dass fast sämmtliche in die Charité eingelieferten Trunksüchtigen, Deliranten, Epileptischen und Geisteskranken Schnapstrinker sind, und dass Bier und Weintrinker als ganz vereinzelte Ausnahmen erscheinen. Unter den in den drei Jahren 1888—1890 eingelieferten 2260 Alkoholisten befanden sich nur 5, deren moralische und physische Erkrankung ihre Ursache nicht im Schnapsgenusse hatte. Von diesen 2260 waren 859 Handwerker, 700 Arbeiter, 236 sonstige Gewerbtreibende, 227 Bediente, 89 Kaufleute, 45 Beamte, 9 Soldaten und 8 Landwirthe. Wie man sieht, sind diese Unglücklichen zum überwiegenden Theile Arbeiter und Handwerker, die im Verhältnisse ein nur geringes Einkommen haben und für Genussmittel nicht viel aufzuwenden vermögen. Nach den eigenen Angaben der Aufgenommenen beträgt, wie Siemerling nachweist, der durchschnittliche Aufwand derselben für Alkohol 33,3 bis 33,5 Pf. pro Tag. Es dürften auch die Uebrigen in gleichem Beruf und mit ungefähr gleichem Einkommen, die jetzt Bier trinken, nicht viel mehr für diesen Biergenuss aufzuwenden in der Lage sein. Vertheuert man ihnen nun diesen Genuss, wird das Bier auch nur um einen Bruchtheil der Steuer belastet, so liegt die Befürchtung nahe, dass die Genannten die gewohnte Anregung, die ihnen das Bier gewährt, nicht mehr für den gleichen Betrag erreichen können — Pfennige spielen ja hier eine Rolle — und dann zu einem Getränk übergehen, das ihnen für weniger Aufwand mehr Alkohol bietet. Rosenthal sagt**):

---

*) Charité-Annalen. 16. Jahrgang 1891, S. 410.

**) l. c., S. 45.

„Wir müssen es als ein Glück ansehen, dass überall da, wo das Bier leicht zugänglich und billig ist, es dem Schnaps den Raum streitig macht und siegreich aus dem Kampfe hervorgeht. Es ist deshalb ganz richtig, wenn behauptet wird, das Bier sei einer der wichtigsten Hebel des Kulturfortschritts, indem es den barbarischen und civilisationsfeindlichen Schnaps verdränge und seine milde Wirkung an Stelle der verderblicheren und gefährlicheren setze. Wo kein Wein wächst, der billig genug ist, um Volksgetränk zu werden, da haben wir alle Ursache den Bierkonsum zu begünstigen, um den Schnaps zu bekämpfen.“

Wie sehr der stärkere Genuss von Bier den Branntwein zurückdrängt, zeigt nachstehende Tabelle*).

Der Verbrauch pro Kopf der Bevölkerung betrug jährlich in Litern:

Land	Absol. Alkohol (Rohwaare)	Bier	Weinproduktion
Posen	13.0	24	—
Schlesien	13.0	57	—
Brandenburg mit Berlin	12.8	94	—
Pommern	10.8	35	—
Ost- und Westpreussen	9.2	36	—
Hannover, Braunschweig, Oldenburg	7.8	47	—
Prov. Sachsen und Thüringen	7·4	115	—
Westfalen und Lippe	7.2	68	—
Mecklenburg	6.4	54	—
Königreich Sachsen	6.4	120	—
Schleswig-Holstein	5.1	59	—
Elsass-Lothringen	4.8	45	79
Beide Hessen	4.5	84	14
Rheinprovinz	4.0	65	8
Baden	2.8	78	41
Bayern	2.7	209	9
Württemberg	1.8	144	23

*) Baer, l. c., S. 27.

Speciell in Bayern hat die Branntweinproduktion stark zugenommen, sie betrug*)

1887/88	127 558	Hektoliter
1888/89	131 102	-
1889/90	138 921	-
1890/91	157 611	-

und diese Ziffern übersteigen nur um ein Geringes den Verbrauch, da der Export Bayerns an Branntwein kaum in Betracht kommt. Das bedeutet also eine Zunahme des Branntweingenusses in Bayern während eines kurzen Zeitraums von 4 Jahren um ca. 23 %.

Die Regierung giebt zu, dass, wie in Bayern, eine Vertheuerung des Bieres stattfinden könne; aber der Verfasser glaubt nachgewiesen zu haben, dass, selbst wenn für die Produktion ein nicht erheblicher Theil der Steuererhöhung abgewälzt werden kann, dieser kleine Theil ausreicht, den Konsum zu vermindern.

Nun wird so oft ohne Kenntniss der Verhältnisse und gedankenlos gesagt, dass in Bayern das Bier billiger und besser sei, trotzdem die Bayerischen Brauer eine ungefähr dreimal so hohe Steuer zahlen als ihre Norddeutschen Fachgenossen. Dagegen ist zu erwidern, dass das Bier, das im Süden von Deutschland genossen wird, weit leichter eingebraut werden muss, als das Bier, an welches, wohl der klimatischen Verhältnisse wegen, der Norddeutsche sich gewöhnt hat. Das trifft natürlich nicht bei den Bieren zu, die Bayern in so grossen Mengen über seine Grenzen exportirt, und für die die Brauer den Steuersatz zurückerhalten. Die Bayerischen Exportbiere, wie sie von den wohlhabenden Klassen im Norden, keinesfalls aber im Süden getrunken werden, sind im Gegensatz zu den im Süden selbst

*) S. Vierteljahrshefte zur Statistik des Deutschen Reiches 1892 H. II. 112.

genossenen Produkten von starkem Alkohol- und Malzgehalt, und es werden dafür Preise erzielt, an welche für unser heimisches Produkt nicht gedacht wird*). Aber trotz des grossen Bayerischen Exports in starken Bieren, wie im Jahre 1889, wo 2 016 000 Hektoliter Bier exportirt, und 5486801 Mark den Producenten an Steuer rückvergütet wurden**), werden in Bayern nach den eigenen Angaben der Regierung durchschnittlich $43^1/_2$ bis höchstens 45 Pfund Malz für das Hektoliter Bier verwendet, während in der Steuergemeinschaft für das Hektoliter Bier $47^2/_3$ Pfund Malz verwendet werden***). Die grösseren bekannten Brauereien in Norddeutschland verwenden fast ausnahmslos 50 Pfund und darüber für das Hektoliter. Wenn nun auch der Preis, der an den Ausschankstätten von den wirklichen Konsumenten gezahlt wird, im Süden niedriger ist als im Norden, so ist damit nicht ausgesprochen, dass der Preis, den der Brauer für sein, wie schon gesagt, leichteres Produkt erhält, auch ein geringerer sei. Die Preise sind, wie im Norden verschiedene und regeln sich, wie überall im Geschäftsleben, durch die Konkurrenz. Das aber steht unwiderleglich fest, dass der Unterschied zwischen dem Engrospreise und dem Ausschankpreise in Bayern weit geringer sein kann als in der Norddeutschen Brausteuergemeinschaft. Das hat seine Ursache in Umständen, die denjenigen unbekannt sind, welche aus der Höhe der Brausteuer in Bayern auf die Durchführbarkeit der Erhöhung der Brausteuer auch bei uns schliessen. Der Konsum in Bayern vollzieht sich unter gänzlich anderen Verhältnissen als bei uns. Zunächst ist der Konsum ein weit grösserer, er beträgt pro Kopf der

---

*) Vgl. Roesicke's Ausführungen in den Verhandlungen der Deutschen Brauerversammlung in Berlin 1879.

**) S. oben S. 21.

***) Ebendas.

Bevölkerung ungefähr das Dreifache; daher legt man in beiden Steuergebieten einen ganz verschiedenen Maassstab an die Grösse und Ausdehnung eines Ausschanklokals. Ein bayerisches Lokal, in dem nur 500 Hektoliter jährlich verkauft werden, gilt als klein, während in Norddeutschland ein solches Geschäft schon als ein mittleres angesehen wird. Ausschankstätten, in denen 1000 Hektoliter jährlich verschänkt werden, sind im Norden wenig zahlreich, während sie in Bayern weit verbreitet sind und nur als mittlere Geschäfte gelten. Der gegenwärtige Abgeordnete Roesicke hat mit Recht ausgeführt, es sei doch fraglos, dass, wenn in einer Restauration 1000—2000 Hektoliter Bier verzapft werden, der betreffende Wirth sich im Durchschnitt mit einem geringeren Nutzen zufrieden geben kann als in Norddeutschland, wo Restaurationen mit einem Verbrauch von 300—400 Hektoliter nicht mehr zu den kleineren zu zählen sind. Die Verhältnisse haben sich, wenn auch in Berlin und anderen Grossstädten Ausschanklokale von grösserer Ausdehnung mit Entfaltung aller nur möglichen Pracht entstanden sind, doch im Grossen und Ganzen gegen 1879 nicht geändert, und auch die Ansprüche, die im Norden an die Ausschankstätten gemacht werden, sind im Allgemeinen ebenso von den Süddeutschen verschieden wie damals. Wenn Roesicke damals sagte, dass die Unkosten beim Ausschank für das Hektoliter Bier 2,70 Mark für den Süden, für den Norden dagegen 12,27 Mark betragen, so liegen die Verhältnisse in der Gegenwart nicht wesentlich anders. Nach Ermittelungen, die der Verfasser durch Freunde in München angestellt hat, sind die Kosten in einem Lokal, in dem 1200 Hektoliter Bier verkauft werden, die folgenden:

Miethe	2200	Mark,
Beleuchtung	580	-
Steuer auf den Gewerbebetrieb	160	-
zusammen	2940	Mark.

d. h., noch nicht 2,40 Mark auf das Hektoliter verkauften Bieres. In einem Lokale, dessen Umsatz jährlich 2000 Hektoliter beträgt, kostet

die Miethe . .	7000 Mark,
die Beleuchtung	1400 -
die Steuer . .	450 -

Die Unkosten für die 2000 Hektoliter betragen also jährlich 8850 Mark, was auf das einzelne Hektoliter etwa 4,43 Mark ausmacht.

Für einen Keller in München mit einem jährlichen Umsatze von 4500 Hektoliter zahlt der Pächter für das Hektoliter 3 Mark Zuschlag an die Brauerei, dafür fällt seine Jahresmiethe fort; dazu kommen die Kosten der Beleuchtung mit jährlich 3000 Mark, Gewerbesteuer zahlt die Brauerei, ebenso das Wassergeld, dagegen zahlt der Pächter Kranken- und Invaliditätsversicherung. Die Unkosten belaufen sich also hier auf das Hektoliter Bier auf etwa 3,80 Mark. Eine Ausschankstätte mit nur 700 Hektoliter Verschleiss ist in München nicht lebensfähig. Nicht wesentlich anders stellen sich in anderen Bayerischen Orten, wie Regensburg, Würzburg, Fürth, Nürnberg die Unkosten für das Hektoliter Bier. Für ein Lokal in Würzburg von 1500 Hektoliter jährlichem Umsatz sind 4000 Mark Miethe, etwa 1200 Mark Beleuchtungsspesen, 450 Mark an Steuern zu entrichten; für ein Lokal in der gleichen Stadt mit 900 Hektoliter Umsatz 2500 Mark Miethe, etwa 1000 Mark für Beleuchtung und 400 Mark an Steuern; und für eine Wirthschaft mit 450—500 Hektoliter jährlichem Umsatz sind 1000 Mark Miethe, für Beleuchtung etwa 800 Mark und 120 Mark an Steuern zu entrichten. Berechnet man hiernach die Unkosten, so entfallen auf das Hektoliter im ersten Lokale etwa 3,76 Mark, im zweiten Lokale etwa 4,35 und im dritten Lokale etwa 4,20 Mark Unkosten. In Nürnberg erfordert ein Lokal mit 1700 Hektolitern jährlichen Umsatzes 5000 Mark Miethe, 1250 Mark Beleuchtung, an Steuern — der Betrag ist dem Verfasser nicht genannt — hoch gerechnet etwa 500 Mark, das ergiebt an Unkosten auf das Hektoliter noch nicht 4 Mark. In Regensburg zahlt ein Lokal mit 700 Hektolitern Jahresumsatz 300 Mark Miethe, 720 Mark Beleuchtung, 89 Mark Steuern ist also für jedes Hektoliter ausgeschenkten Bieres mit 1,57 Mark Unkosten belastet. In Fürth zahlt ein Lokal mit 400 Hektolitern Umsatz 800 Mark Miethe, 200 Mark Beleuchtung, 45 Mark Steuern; es entfallen also auf das Hektoliter Bier etwa 2,30 Mark Unkosten.

Wie anders dagegen sind die Unkosten in Norddeutschland. Hier lasten durchgängig 15—18 Mark auf dem Hektoliter Bier und selbst in der Provinz, wo die Lokalmiethen hinter denen Berlins weit zurückbleiben, sind doch die Unkosten fast dreimal so hoch als in Bayern.

Ein sehr bekanntes Lokal in Berlin mit 1800 Hektoliter jährlichem Umsatze zahlt 18 000 Mark Miethe, 8400 Mark Beleuchtung, 1050 Mark Miethssteuer, 96 Mark Gewerbesteuer, hat also für das Hektoliter 15 Mark Unkosten. Die gleichen Unkosten hat ein anderes Lokal mit 575 Hektoliter jährlichem Umsatze. Es zahlt 6400 Mark Miethe, 2100 Mark für Beleuchtung, 380 Mark Miethssteuer, 72 Mark Gewerbesteuer. In einer kleinen Stadt der Provinz Brandenburg zahlt ein Lokal mit 240 Hektoliter Bier jährlichen Umsatzes 1000 Mark Miethe, für einen Kellner, der — eine löbliche Ausnahme — nicht Trinkgelder nehmen darf — 1000 Mark (Gehalt, Wohnung, freie Station), Gewerbesteuer 48 Mark für Beleuchtung, Heizung etc. 600 Mark. Die Unkosten betragen also insgesammt 2648 Mark, was für das einzelne Hektoliter ca. 11 Mark Unkosten ergiebt. Ein Lokal in einer grösseren Stadt derselben Provinz mit 900 Hektoliter Umsatz zahlt:

Miethe	1650	Mark
Beleuchtung	763	-
Gewerbesteuer	90	-
Heizung	400	-
Alters- u. Invaliditätsversicherung	23	-
Personal	2300	-
Instandhaltung des Inventars	500	-
Summa	5726	Mark.

Das macht auf das Hektoliter etwa 6,50 Unkosten, zu denen noch 2,50 an Fracht für das Bier, das von auswärts bezogen wird, hinzugerechnet werden müssen.

Bei den angeführten Unkosten sind die Ausgaben für Ansprüche, welche von Seiten der Gäste an Eleganz des Inventars, an die Auswahl von Speisen, Bedienung, Zeitungen u. s. w. gestellt werden, nicht in Betracht gezogen, und dass diese im Norden viel höher sind, weiss wohl jeder, der einmal in Bayern gewesen ist. Heute wie von Alters her gehören zu den beliebtesten Ausschanklokalen Bayerns das Hofbräuhaus in München, die Himmelsleiter, das Bratwurstglöckla, der Mohrenkeller in Nürnberg, das Schnapper'sche Lokal in Augsburg, Lokale, in denen Ströme von Bier vertilgt werden, wo aber der glückliche Wirth weder für eine Auswahl von Speisen, noch für Tischtücher, Zeitungen oder sonstige Annehmlichkeiten zu sorgen hat. Dabei darf nicht ausser Acht gelassen werden, dass in dem grössten Staate der Brausteuergemeinschaft, in Preussen, die neuen Steuergesetze auch die Gastwirthe empfindlich treffen, und dass vom 1. April 1893 ab neben der Gewerbesteuer von ihnen noch eine besondere Betriebssteuer erhoben werden wird. Und wer weiss, welche angenehmen Ueberraschungen den Gastwirthen noch vorbehalten sind. Hat doch ein Professor der Nationalökonomie und preussischer Abgeordneter es nicht unterlassen können, für die neuen Steuerreformpläne besondere Kommunal-Zuschläge auf die Betriebssteuer für Schankstätten zu empfehlen*). Da wo Norddeutsche Wirthe ausnahmsweise ein anspruchsloses Publikum

*) Friedberg, Zur Reform der Gemeindebest. in Preussen in Conrad's Jahrbücher für Nationalök. u. Stat. 3. Folge IV. Bd. 3. Heft (Sept. 1892) S. 340, wo es heisst: Kann man somit eine ausgiebige Besteuerung des Weins, Bieres und Branntweins nicht unmittelbar erreichen, so wird nichts anderes übrig bleiben, als dieses Ziel auf einem indirekten Wege anzustreben. Es lässt sich das in der Weise machen, dass man die Steuer anstatt auf das Getränk selbst auf den Ort der hauptsächlichsten Konsumption, mit anderen Worten auf die Schankstätte legt. Dadurch vermeidet man alle Kollisionen mit dem bestehenden Reichsrechte und erlangt doch, wenn auch auf Umwegen, das gewünschte Resultat einer höheren Besteuerung der Genussmittel Wein, Bier und Branntwein. Es bedarf dazu auch nicht einmal der Schaffung einer neuen Steuer, sondern es genügt, eine bereits bestehende Abgabe in zweckentsprechender Weise abzuändern. Falls nämlich die Gewerbesteuer wirklich zur Ueberweisung gelangt, so wird mit derselben auch implicite die sog. Betriebssteuer überwiesen. Die letztere stellt gewissermaassen eine Licenzsteuer für den Betrieb der Gastwirthschaft, der Schankwirthschaft, sowie des Kleinhandels mit Branntwein oder Spiritus dar. Die Betriebssteuer beträgt jährlich nach § 60 des Gewerbesteuergesetzes für jeden, welcher ein oder mehrere dieser Gewerbe betreibt: 1. wenn er von der Gewerbesteuer nach § 7 des Gesetzes befreit ist, 10 Mark, 2. wenn er zur Gewerbesteuer veranlagt ist, a) in der Klasse IV 15 Mark, b) in der Klasse III 25 Mark, c) in der Klasse II 50 Mark, d) in der Klasse I 100 Mark. Damit ist bereits eine völlig ausgebildete Besteuerung der Schankstätten und des Kleinhandels mit Branntwein gegeben, die sich allerdings durch verhältnissmässige Niedrigkeit der Sätze auszeichnet. Aendert man den § 60 in der Weise ab, dass man den Gemeinden das Recht giebt, diese zu überschreiten, und sie über die bisherige Grenze hinaus nach Bedürfniss autonom festzustellen, so ist alles erreicht, was in Bezug auf die Verbrauchsbesteuerung im Interesse der Gemeinden gewünscht werden kann. (Der Verfasser hat die Gedanken des Preussischen Finanzministers glücklich vorgeahnt, denn in dem soeben veröffentlichten Entwurfe eines Gesetzes wegen Aufhebung direkter Staatssteuern (§ 10) ist es den Kommunalverbänden gestattet, die Betriebssteuer beliebig zu erhöhen.)

haben, und ihre Lokale in der Engigkeit der Räume und Dürftigkeit der Ausstattung den Bayerischen Lokalen nachstehen, wird das Bier, und zwar ein stärker eingebrautes Bier, nicht theurer als in Bayern verkauft. In solchen Lokalen kostet das Liter Bier 25 Pfennige.

Die Bayerische Bierindustrie ist durch alte und eigenthümliche Verhältnisse glücklich entwickelt. Dort wird nicht nur unter den glücklichsten Bedingungen konsumirt, sondern auch die Bierproduktion vollzieht sich dort unter weit günstigeren Bedingungen als in der Brausteuergemeinschaft. Der Hopfen wächst den Bayerischen Brauern fast vor der Thür, und die Bayerischen Gerstensorten gehören zu den besten in der Welt. Dann wird in Bayern das Braugewerbe als das eigentliche Haupt- und Nationalgewerbe betrachtet*), und es erfährt die äusserste Fürsorge von Seiten der bayerischen Staatsregierung, die auch in den Erleichterungen des Biertransportes auf den Eisenbahnen zum Ausdruck kommt. Ferner liegen die Steuerverhältnisse in Bayern wesentlich günstiger als in Preussen, so sind hier besonders die Gemeindeumlagen höher als in dem Süddeutschen Staate**).

Der gegenwärtige Reichskanzler Graf von Caprivi hat bei seiner Antrittsrede im Preussischen Abgeordnetenhause gesagt, dass alle Schritte der Regierung und der gesetzgebenden Körper geprüft werden müssen, wie sie auf die Einschränkung der socialdemokratischen Bestrebungen wirken. Vielleicht überträgt er diesen Gedanken auf den Staatssekretär im Reichsschatzamt und veranlasst denselben, von Steuerprojekten abzusehen, welche nach verschiedenen Richtungen die socialen Gefahren vermehren und so seinen Wünschen zuwiderlaufen müssen. Es kann unmöglich in

---

*) Ruthhart: Zustand des Königreichs Bayern nach amtlichen Quellen. Stuttgart und Tübingen 1829.

**) Siehe Deutscher Reichsanzeiger 1892 No. 268 II. Beilage.

seinem Willen liegen, den breiten Massen, dem ärmeren Theile der Deutschen Bevölkerung ein Genussmittel zu verkümmern oder zu vertheuern, das ihm unentbehrlich geworden ist, und es kann ebenso unmöglich sein Wille sein, den unheilvollen Process, der sich schon an und für sich vollzieht: die Aufsaugung des Kleinbetriebes durch den Grossbetrieb, zu beschleunigen. In wessen Interesse liegt es denn, dass die kleinen Betriebe verschwinden, dass eine grosse Menge jetzt noch selbständiger, unabhängiger Gewerbetreibender in Abhängigkeit gerathen und die Zahl der Fabrikarbeiter sich vermehrt? Doch lediglich im Interesse der Socialdemokratie! Gerade die Socialdemokratie will, dass die kleineren Einzelwirthschaften verschwinden und im Grossbetriebe aufgehen. Sie hofft und glaubt, wenn nur noch wenige Grossbetriebe ihr gegenüberstehen, ihre socialistische Gesellschafts- und Wirthschaftsordnung schneller zur Durchführung bringen zu können.

Abgesehen von wenigen Schwärmern, zu denen doch Graf von Caprivi wahrlich nicht gehört, welche von der vollen Durchführung des Grossbetriebes die Lösung der socialen Frage erwarten, ist das Sinnen und Denken unserer besten Köpfe darauf gerichtet, die Fülle von Arbeitern, die sich in den Grossbetrieben ansammeln, nach Möglichkeit zu zerstreuen und jedem Einzelnen mechanische Hilfsquellen zur Verfügung zu stellen, damit die segensreiche Kraft der Maschine nicht mehr, wie es jetzt der Fall ist, ausschliesslich Dienerin des Grossbetriebes sei. Werner von Siemens sagte auf der Versammlung Deutscher Naturforscher und Aerzte in Berlin 1886:*)

„Auch für die weitere und scheinbar gewichtigste Klage der Gegner unserer gegenwärtigen socialen Entwicklung,

*) Tageblatt der 59. Versammlung Deutscher Naturforscher und Aerzte in Berlin, S. 95.

die Behauptung, dass durch sie (die Entwicklung der Technik) die grosse Mehrzahl der Menschen zur Arbeitsleistung in grossen Fabriken verdammt würde, und dass bei der fortschreitenden Arbeitstheilung für freie Arbeit des Einzelnen kein Raum bliebe — auch hierfür trägt der natürliche Gang der Entwickelung des naturwissenschaftlichen Zeitalters das Heilmittel in sich. Die Nothwendigkeit grosser Fabriken zur billigen Herstellung von Verbrauchsgegenständen ist wesentlich durch die gegenwärtig noch geringe Entwicklung der Maschinentechnik bedingt. Grosse Maschinen geben die mechanische Arbeitsleistung bisher noch viel billiger als kleine, und die Aufstellung der letzteren in den Wohnungen der Arbeiter stösst ausserdem noch immer auf grosse Schwierigkeiten. Es wird aber unfehlbar der Technik gelingen, dies Hinderniss der Rückkehr zur konkurrenzfähigen Handarbeit zu beseitigen, und zwar durch Zuführung billiger mechanischer Arbeitskraft, dieser Grundlage aller Industrie, in die kleineren Werkstätten und die Wohnungen der Arbeiter. Nicht eine Menge grosser Fabriken in den Händen reicher Kapitalisten, in denen „Sklaven der Arbeit“ ihr kärgliches Dasein fristen, ist daher das Endziel der Entwickelung des Zeitalters der Naturwissenschaften, sondern die Rückkehr zur Einzelarbeit oder, wo es die Natur der Dinge verlangt, der Betrieb gemeinsamer Arbeitsstätten durch Arbeiterassociationen, die erst durch die allgemeinere Verbreitung von Kenntniss und Bildung und durch die Möglichkeit billiger Kapitalbeschaffung eine gesunde Gruudlage erhalten werden.“

Diese Bestrebungen sind eingegeben von der Gefahr, die der Gesammtheit durch die von der Socialdemokratie erträumte Entwicklung droht, und diese Bestrebungen sollten von der Regierung unterstützt und nicht bekämpft werden. Sie tritt aber diesen Bestrebungen entgegen, sie vermehrt die Gefahren, wenn sie in einem weit verbreiteten Gewerbe den Kleinbetrieb zerstört.

Sind denn die Lasten, die heute dem Deutschen Volke auferlegt werden sollen, überhaupt nöthig? Es ist nicht Aufgabe dieser kleinen Schrift, die Frage zu erörtern, ob Deutschland einer so gewaltigen Vermehrung seines Heeres bedarf. Aber wenn auch diese Frage wider alles Erwarten bejaht werden sollte, wenn der Reichstag wirklich dieser Vermehrung der Truppen zustimmen sollte: die dafür erforderlichen Mittel dürfen nicht auf Wegen gesucht werden, die zur Zerstörung berechtigter wirthschaftlicher Existenzen führen. Ehe man einzelnen Berufskreisen Lasten auferlegt, sollte man erst einem anderen Berufszweige unberechtigt gewährte Zuwendungen entziehen, ehe man dem Tabak- und Braugewerbe ungefähr 50 Millionen aufbürdet, sollte man die ungerechtfertigten Privilegien der Branntweinbrenner von 40 Millionen beseitigen. Die Deutsche Finanzpolitik ist seit 1879 Wege gewandelt, die weitab lagen von den Grundsätzen, die einst Adam Smith aufgestellt und deren Befolgung einst Preussens Staatswirthschaft so festgefügt hat. Wenn auch jüngere Nationalökonomen die Lehren Adam Smith's veraltet nennen, so wird doch sein vornehmster Grundsatz der Besteuerungspolitik Geltung behalten müssen, dass eine Steuer gerecht, d. h. allgemein und gleichmässig sei. Die Gerechtigkeit der Deutschen Steuerpolitik, ebenso die Rücksicht auf das wirthschaftliche Leben des Deutschen Volkes erfordern, dass auch diesmal die Erhöhung der Brausteuer abgelehnt werde.

Nachwort.

Während der Druck dieser kleinen Schrift bereits abgeschlossen ist, verlautet, dass die Reichsregierung die Absicht hege, mit der Verdoppelung der gegenwärtigen Brausteuer eine Staffelsteuer einzuführen.

Es ist nicht zu leugnen, dass eine solche Staffelsteuer den kleinen Brauereien wesentliche Erleichterungen unter dem gegenwärtigen Steuersatz zu gewähren vermag, aber dieses Auskunftsmittel müsste versagen, wenn die Steuer erhöht würde, denn eine jede Erhöhung wird den kleinen Betrieben zum Verderben gereichen, wenn auch die Grossbetriebe eine stärkere Erhöhung treffen sollte.

GPSR Compliance

The European Union's (EU) General Product Safety Regulation (GPSR) is a set of rules that requires consumer products to be safe and our obligations to ensure this.

If you have any concerns about our products, you can contact us on ProductSafety@springernature.com

In case Publisher is established outside the EU, the EU authorized representative is:

Springer Nature Customer Service Center GmbH
Europaplatz 3
69115 Heidelberg, Germany

Batch number: 10844655

Printed by Printforce, the Netherlands